ちょっとした一言で
相手が動く
夫婦の心理テクニック

ここちいい関係になれる
14のルール

林 恭弘
日本メンタルヘルス協会
心理カウンセラー

総合法令

はじめに　「幸せ」になりたいのですか？「勝負」に勝ちたいのですか？

「……では、ご主人に『このごろ帰りが遅くて、ずっと話せていないので不安だし、さみしい』と打ち明けられたらいかがでしょうか？」

家庭内のいろいろなことで不安を抱える相談者と話しているとき、こんな提案をすることがあります。

しかし、「そうですね。そう、主人に素直に話してみます」……という回答はむしろまれなほうです。

それよりも、

「えっ⁉ さみしい⁉ そんなこと言えるわけないでしょ！」

だいたいはこのような反応です。

「なぜ言えないのでしょう?」

「だって、さみしいなんて言ったら主人に〝負け〟でしょ!」

なんと「勝負」をしている夫婦が多いことか……。


「夫婦」は不思議な関係です。血がつながった関係ではないけれど家族。しかし、友人でもなければ恋人でもありません。

仕事での利害関係を前提とした、遠慮のある人間関係ともちがいます。

もしかすると、この世でもっとも不可解で、ここちいい距離感をとることがもっともむずかしい関係なのかもしれません。

なぜならば、先ほどとは矛盾するようですが、赤の他人であると同時に、家族であり、友人であり、恋人であり、家庭経営という事業を協力しながらすすめていくパートナーでもあるからです。

つまり、私たちが社会でもつ人間関係の、すべての側面を含んでいるのです。

これだけ身近で、あらゆる利害を共有する関係だけに、互いの価値観や欲求がぶつかり対立し、意地を張り合い、ついつい勝ち負けの「勝負」を仕掛けたりもします。

しかし、その**勝負に勝つこと**が二人にとっての目的ではないはずです。

二人の関係をとおし、**幸せになること**を願って結婚したはずではなかったのでしょうか？

夫婦関係で悩んでいる人たちは、その関係を修復するために、あるいはうまくやっていくためにはよほどのエネルギーが必要であるかのようにかんちがいしています。

夫婦関係がうまくいかなくなり、その時間が経過するほどに二人の心の距離は遠く離れてしまい、結婚を決意したときの「あのときの二人」にはもう戻れないと、あきらめたい気持ちになるのかもしれません。

しかしそうではありません。

毎日の生活での、**かんたんなことを少しずつ変えてみること**や、**ちょっとした一言で、ここちいい距離感をもてるようになります**。

そのために大きなエネルギーなどは必要ありません。

そして、結婚した当初の「あのときの二人」よりも、親密で愛情深い関係になれるものです。

互いがちょっとした努力をすることで、理解がすすみ、他のどんな人間関係よりも親密で信頼し合える最高の関係になれるものです。

この本は「ほどよい距離感で、互いにうまくかかわりながらも、親密な関係を築いている」夫婦の共通点をまとめたものです。

しかし、いきなり高度なテクニックや心理状態を必要とするものはあげていません。なぜならそんなことは誰にもできないからです。

ですから、誰がやっても実践可能であることを前提にとりあげました。

そしてとりあげた順番も、やりやすいものから書いてあります。

ただし、ここに書かれたものは日常のごく「かんたんな方法」ばかりですが、「全部をやらなければならない」とは考えないでください。

自分がやりやすいものを、どれかひとつだけでもいいのです。

ひとつだけでも変われば、二人の空気が変わっていくからです。

まずは、自分がやれそうなものを探すつもりで読んでみてください。

やがて、それが二人の間でなじんできたら、つぎの項目を実践してみてください。

少しずつ積み上げて、二人の雰囲気・関係、家庭の文化をつくっていくことしか円満の方法はありません。

そして、この本はぜひ夫婦二人でまわし読みすることをお薦めします。

読みすすむなかで、気になったり自分に当てはまるところがあれば、アンダーラインでも引いておいてください。

それを互いが見ることで、相手がどんな心の状態で、何を求めているかがわかります。

直接のコミュニケーションをとって理解し合うよりもずっとやりやすく、スムーズにいくはずです。

二人の心を近づけ、共感し合うツールとして使っていただければ幸いです。

もくじ

はじめに　「幸せ」になりたいのですか？　「勝負」に勝ちたいのですか？　1

Ⅰ　ここちいい夫婦になれる心理テクニック

プロローグ　二人のズレの原因は？　17

夫婦関係でどんな不満がありますか？　18
夫との関係チェックリスト　19
妻との関係チェックリスト　20
相手への不満の解決・解消法　22
愛は学ぶ必要があるのです　24
「すれちがい」はこうして始まる　26
相手に何を期待しているのでしょうか？　28

相手を責める「YOUメッセージ」をしていませんか？　32
気持ちが伝わる「Iメッセージ」　34
結婚とは「あきらめる」ことである　36
男性と女性はこんなにちがう①男性の心理　38
男性と女性はこんなにちがう②女性の心理　40
結婚の三大要素　42

1章　夫が動いてくれる「ちょっとした一言」14のルール　47

夫とのパートナー関係チェックリスト　48
1　あなたが起きている時間に夫が帰ってきたら、「お疲れさま」と言葉をかけている　52
2　夫が家事や育児を手伝ってくれたら、「ありがとう」「たすかった」「うれしかった」などの言葉で伝えている　56
3　頼りにしていることを伝えている　60
4　話を聴いてほしいときは、「聴いてくれるだけでいいからお願い」と伝えてから話している　63
5　夫が落ち込んだり、悩んだりしているとき、

6 「いつでも話してね」と一声かけてそっとしておいている 67
7 「さみしい」「悲しい」などの素直な気持ちを伝えている 69
8 自分が少しでも悪かったと思ったときには、「ごめんね」と言っている 73
起床した後は、パジャマやスウェットから
必ず着替えるようにしている 76
9 休日でも化粧をするようにしている 78
10 二人だけで食事や映画、遊園地へ
出かけることがある 80
11 一年に一度だけでも手紙やメールで
思いを伝えるようにしている 83
12 夫の実家のグチは言わないようにしている 85
13 一万円以上の買い物をするときには
必ず一声かけるか、相談するようにしている 87
14 家計の状態を正確に伝えるようにしている。
ただし、収入が少なくて大変だとは決してぼやかない 89

2章　妻が動いてくれる「ちょっとした一言」14のルール　93

妻とのパートナー関係チェックリスト　94
1　妻には「何かある?」と声をかけ、理解する姿勢を見せている　97
2　妻が不満やグチを話し始めても、さえぎらずに聴くようにしている　100
3　帰宅して妻の顔を見たときに、「ただいま。お疲れさま」と言葉をかけている　104
4　家事や育児で妻が忙しそうなときには、「手伝おうか?」と声をかけている　106
5　妻から頼まれた用事はすぐにする必要性を感じなくても、すぐに済ませてしまう　110
6　日常の「くだらない会話」をたいせつにしている　112
7　仕事や趣味などでの妻の自己実現を応援しようと思っている　115
8　二人だけで食事や映画を観に行くために

9 妻を誘うことがある 118
誕生日や結婚記念日、クリスマスに小さなプレゼントをしている 120
10 一年に一度でも、妻に手紙を書くかメールを送っている 124
11 自分にとって、妻が一番たいせつであることを伝えている 127
12 妻の容姿についてけなすようなことは決してない 131
13 清潔感をたいせつにしている 133
14 収入を上げていくようにがんばると妻に話している 136

II ここちいい家庭をつくる夫婦の子育て

プロローグ　子育て、悩んでいませんか？　143

子育てに「絶対」はありません　144

幸せにするために生まれてきた？　146

Ⅰ章　子どもが育つ「ちょっとした一言」24のルール　151

1　抱きしめるほど子どもは強くなる
～アイムＯＫ、ユーアーＯＫ～　152

2　子育ては「ほどほどにラクをして」でいきましょう　156

3　「三歳までは母親の手で」はほんとうなのか？　158

4　子育ての基本は夫婦いっしょに　160

5　子どもの「イヤ！」は順調に成長しているということ　164

6　時間を守れない子は「心の生活習慣病」になる　167

7　「おはよう」「おやすみ」の言える子どもは、
イキイキとした人になる　170

8　「いってきます」と「ただいま」は

家族の絆をつくり、心の強い子どもにする 172
9 子どもを自立させる言葉は「ありがとう」「ごめんなさい」 174
10 周りの人を幸せにする「いただきます」「ごちそうさまでした」 176
11 食事のときはテレビを消そう 178
12 モテる子どもにしようと思えば、肩たたきをさせよう 182
13 おもちゃは買わないほうがいい？ 184
14 三〇パーセントの親しか教えていない「うそをついてはいけない」という教え 188
15 「エリート教育」していますか？ 190
16 子どもを自立させたいならお手伝いをたくさんしてもらおう 192
17 子どもを自立させたいならお父さんは家事をしよう 194
18 お父さんの役割はルールを教えること 196
19 仕事は楽しいことを子どもに伝えよう 198
20 夫婦で「お父さんが一番好き」

21 「お母さんが一番好き」が子どもの心を安定させる 202
22 子どもには「失敗する権利」がある 206
23 性教育は女性をたいせつにすることだけを教えよう 208
24 第二次反抗期は大人への第一歩 210
できないことを責めないこと、できたことを喜ぶこと 213
子育ては幸せの「時限装置」 216

あとがき 218

装丁：三枝ノリユキ
カバーイラスト：waha/SUNNY
本文イラスト：霜田りえこ

1　ここちいい夫婦になれる心理テクニック

プロローグ　二人のズレの原因は？

夫婦関係でどんな不満がありますか？

夫婦関係にまつわるカウンセリングをしていますと、とうぜん夫・妻に対するそれぞれの不満を聴くことになります。

「悩み」というのは、自分の強い欲求がかなえられない状態が長期化し、深刻な気持ちになることです。

ここに夫・妻に対する不満（夫婦関係における悩み）のうち、代表的なものをあげてみましょう。あなた自身に当てはまるものはありますか？

いま現在のあなたが、夫婦関係で感じていることに当てはまるものがあればチェックしてみてください。

夫との関係チェックリスト

□ ①　夫のことが頼りなく思う。
□ ②　夫は家事や育児を手伝ってくれないので不満である。
□ ③　夫はまったく話を聴かない。
□ ④　夫との会話は楽しくない。
□ ⑤　夫に男性としての魅力を感じない。
□ ⑥　何がストレスかというと、夫こそがストレスである。
□ ⑦　結婚生活では、自分のほうが損をしている。
□ ⑧　夫の実家との関係に不満がある。
□ ⑨　経済的に不安（不満）がある。
□ ⑩　夫との一〇年後の生活が具体的にイメージできない。

妻との関係チェックリスト

□ ① 妻がいつも感情的になるので家にいても落ち着けない。
□ ② 子どもにはもう少しやさしく接してほしいと思う。
□ ③ 会話をしてもグチばかりで疲れる。
□ ④ 仕事から疲れて帰ったときぐらいはもう少しねぎらってほしい。
□ ⑤ この容姿の変貌、まるでだまされているかのようだ。
□ ⑥ 妻に女性としての魅力を感じない。
□ ⑦ 私の実家（親）のグチを口にするのが不満である。
□ ⑧ いまの生活があるのがまるであたりまえのような顔をされるのがイヤだ。
□ ⑨ 家計のことでぼやかれるのがつらい。
□ ⑩ 妻との一〇年後の生活が具体的にイメージできない。

相手への不満の解決・解消法

これらの不満はどんな夫婦でも、多少はかかえているものだと思います。

もちろん、すべての欲求を満たすことができる、理想的な夫も妻もいるわけはありません。

そして万が一、相手をかえたとしても（離婚してパートナーをかえる）、やはり同じような不満が出てくることは確実でしょう。

しかし、これらの不満をすべてではなくても、少しでも解消していかないことにはストレスがたまり、その苦しさから逃れるために、相手から心を切り離していくことになります。

いわゆる、「家庭内別居」とはまさにこのような「同じ家に住んではいるけれど、心は切り離された状態」です。

では、「これらの不満を基にする悩みを、どのように解決・解消していくのか」ということですが、大きくわけてみるとつぎの二つの方法しかないと思われます。

● 相手を責めるのではなく、相手に抱いている期待を話し、その期待に沿うように具体的な行動を変えてもらえるよう協力を求める。
その結果、少しでも行動を変えてもらうことにより不満を減らしていく。

● 相手の行動が具体的に変わらなくても、十分に話し合った結果、変われない（変わらない）相手を理解することで、少しずつでも受け入れていく。
不満を感じている自分の心をなんとかコントロールして、その状態に慣れさせていく（心を切り離すことではなく、順応していくこと）。

愛は学ぶ必要があるのです

恋に落ちることに努力をした人はいません。

学ばなくても人は恋に落ちるのです。しかし、恋愛から始まったその人間関係をつづけていくことはちがいます。

何年にもわたってお付き合いして結ばれた夫婦が、たった数ヶ月で離婚するということをよく聴くのはそのためではないでしょうか。

恋に落ちている男女は現実の相手を見ているのではなく、相手の好ましいところを見て、その部分を拡大視しているものです。

英語で「恋をしている」という表現のひとつに「I'm crazy for you.」というのがありますが、まさにそのとおりかもしれません。

そして、その恋する二人がやがて結ばれて生活を始めるわけですが、当初は、「こ

の心の状態が未来永劫《えいごう》自然につづいていく」と幻想を抱いています。

しかし実際には、結婚して生活をともにするようになると現実の相手が見えてきます。それは、恋愛中に見ていた相手とはちがうものをも含んでいる相手です。自分にとって都合の悪いところや、イヤなところ、いままでは気づかなかった、多くのちがいを見ることにもなります。

じつは、いままでは相手の「ほんの一部しか知らなかった」ことにガクゼンとするものです。

そんな二人が生活をとおして、人生をともに歩んで豊かなものにしていくためには、ほうっておいて自然にうまくいくものではありません。

愛情ある関係をつくり、つづけていくためには学ぶ必要があるのです。

男女の心のもち方をはじめ、互いのちがいを認め、コミュニケーションのとり方を学ぶことによって、ここちいい距離感をとることができるようになります。

愛は学ぶものです。

「すれちがい」はこうして始まる

夫婦関係は、家族であり、友人であり、恋人であり、家庭経営のパートナーでもあるという多面性を持っているので、当然、他の人間関係よりも相手に求める期待はその分多くなります。

人間というのは、期待するものが満たされないときにショックを受け、落胆します。期待をはずされるほどに、心の距離が開いていくような気分になり、孤独感も強くなっていきます。

その落胆が積み重なると、相手と「心を切り離す」ようにもなります。「これ以上悲しい、さみしい気持ちになるぐらいなら、期待をしないほうがマシ」という自己防衛の心理です。

しかし、もっとも身近な存在で互いに支え合っていく関係だけに「期待もしないで

うまくやっていく」というのは無理な話です。

一方、相手に期待しながらも、「自分が何を期待しているのか？」が、はっきりわからず、だから相手に伝えられずに「すれちがっている」夫婦が多いことも事実です。

夫に妻に期待することとは、もちろん「愛し、愛されたい」ということでしょう。

しかし、ここでたいせつなことは、夫婦の関係でどのようなことが満たされれば「愛し、愛されている」と実感できるのかということです。

私は、カウンセリング・ルームで夫婦の問題について話を聴く機会がたくさんあります。ここでは、カウンセラーから解決の答えを与えることはしないものです。

カウンセリングでまずたいせつなことは、相談者自身が「自分の心を知る」ことです。では、夫婦の問題でいう「自分の心を知る」とはどのようなことでしょうか？

それは、**「（自分は）相手にどんなことを期待しているのか」**ということと、**「期待がかなわなくて、（自分は）どんな気持ちになっているのか」**ということの二つです。

相手に何を期待しているのでしょうか？

夫に妻に不満をもつ背景には、必ず相手に対する「期待」があります。その期待がかなわかったり、はずされたりすることで、**一番はじめに、悲しい・さみしい・不安などストレートで素直な「第一感情」**が心に感じられます。

しかし、実際に意識されるのは、「こんなに悲しい気分にさせられた」「こんなにさみしい気持ちにさせられた」「不安をあたえられた」という、相手に対する**怒り・恨みなど相手を責めたくなる「第二感情」**です。

そう、最初から怒りの感情をもつ人はいないのです。

相手に期待することは人それぞれちがいます。

ましてや男性と女性ですと、そのちがいはもっと大きなものがあります。

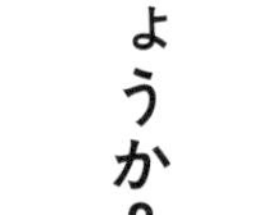

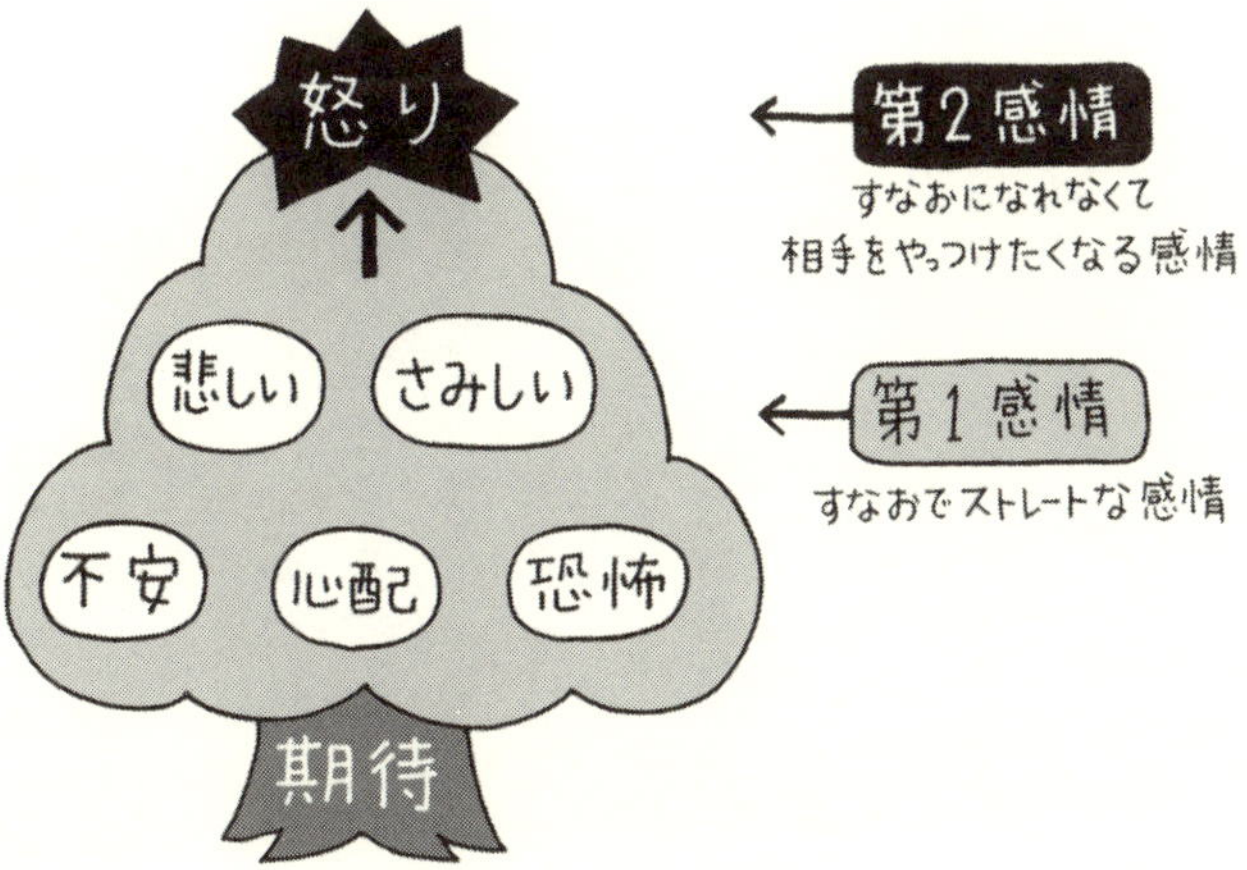

怒り
第2感情
すなおになれなくて
相手をやっつけたくなる感情
悲しい
さみしい
第1感情
すなおでストレートな感情
不安
心配
恐怖
期待

せめて「こういうことを期待していて、それが満たされるとうれしい」と言われればわかるのですが、互いに伝え合わずにフツフツと不満をため込んでいることが多いものです。

「自分のことを愛してくれているのなら、いちいち言わなくても、きっと気づいて満たしてくれるはず」と、どこかで信じ込んでいるのです。

しかし、夫婦といえどもともとは他人です。

残念ながら結婚して家族になったからといって、自動的にわかり合えるようになることはありません。

一つひとつ自分のことを伝えて、はじめてわかり合えるようになっていくのです。

コミュニケーションでもっともたいせつなことは、「いかに素直になれるか」ということです。

素直であるということは、期待がかなわなくてどのような気持ちになったのかをストレートな「第一感情」で伝えることです。

相手を責める「YOUメッセージ」をしていませんか？

じつは、私と妻の間でも以前につぎのようなことがありました。

私は仕事上、週末以外はほとんどが出張生活です。仕事を終えてホテルに帰り、ひとりになると妻や子どもたちのことをいつも思います。

そこで、あるとき妻宛にねぎらいの言葉や、週末の予定に関する内容を含んだ簡単なメールを送ったのですが、返信がありませんでした。

そしてつぎの日もメールを送るのですが、やはり返信がありません。

やがて週末になり、家に帰ったときのことです。食事を済ませ、子どもたちを寝かしつけてから、気になっていたことを打ち明けました。

「メールを二度ほど送ったんだけど、届いていた？」

「うん、届いたよ」

「それで読んでくれた？」

「うん、読んだよ」


正直に言うと、私は心のなかではイラ立ちを感じたのです。

「二度も送っているのに返信するのが礼儀だろ！」

と、このように第二感情の怒りをぶつけて「相手（YOU）」を非難する言い方を**「YOUメッセージ」**と言います。

もしこのように言われれば、妻のほうも、

「送るのはあなたの勝手でしょ。私だって忙しいのよ！」

というように、売り言葉に買い言葉になってしまうでしょう。

しかし、このように怒りとしてぶつけたのでは素直ではありませんし、子どもじみていますよね。

気持ちが伝わる「Ｉメッセージ」

それでは、どのように伝えれば気持ちをわかってもらえるでしょうか？

私は一呼吸おいてから素直に伝えようと、まずは「期待」から語るようにしました。

「じつはホテルに帰ってひとりきりになると、意外にポツンとしてしまって……。そんなときに家族のことを思い出すと、今日も元気だったかな？　なんて気になってね。それでメールを送ったんだけど、返信がほしかったんだろうね」

そして、さらに「第一感情」を伝えました。

「だから、よけいにさみしくてね」

これは「自分（I）」の期待や、第一感情で気持ちをオープンにする「Iメッセージ」と言います。

それを聴いた妻は、

「へぇー。あなたでもさみしいことがあるのね。じつは私も子どもたちを寝かしつけたらもうクタクタで……。メールが来ているのはわかっていたけど、返信する元気も出なかったの」

なるほど聴いてみると、幼児二人の子育てに、妻のほうもかなり消耗しているようです。

おだやかに話ができ、互いの状況や気持ちが理解できたことで、逆にいたわる気持ちも出てきました。

「いつも出張で家を空けていてごめんね。手伝えることがあったら言ってね」

「こちらこそ、いつもご苦労さま」

結婚とは「あきらめる」ことである

「阿吽《あうん》の呼吸」「打てば響く」。多くを語らずともわかり合える関係はすばらしいものです。

しかし、実際にはこの理想的な関係になるためには「一生を費やして」いくぐらいの覚悟が必要なのかもしれません。そのぐらいに人間とは互いにちがうものをもっていて、ちがうことを考え、ちがうことを感じています。夫婦といえども例外ではありません。いや、夫婦であるからこそ、むずかしいところが出てきます。

いまや夫婦・家族になった二人ですが、まったくちがう家庭で育てられた存在です。生活習慣・食事の味つけ・食卓の雰囲気・家族間のコミュニケーションのとり方、ものごとの考え方、価値観などの文化がもともとちがうのです。

だから、恋人だったときの二人は、あれだけわかり合えていたような気がしたのに、

結婚して生活するようになったある日、目の前の夫・妻が、宇宙人に見えたことはないでしょうか？　文化がちがうということは、もうちがう星から来た人であるのと、同じようなものなのです。じつはもともと二人には、そのぐらいのちがいがあったのです。

「結婚とは、あきらめることである」。誰かが言ったセリフなのでしょうけど、私は正しいような気がします。しかしそれは、「相手との心を切り離して、傷つかないように生きる」ことではありません。

「結婚したときにはわかり合えていたはずの二人が、じつはこんなにもちがう」ということを**「あきらかにみとめる」**ということです。

そして、自分が期待することがすべてかなうことはまずありえません。なぜならやっぱり、二人はあきらかにちがうからです。そのことも、「あきらかにみとめる」しかないのです。

自分の基準を「正しい」と思い込んで見ると、目の前の相手は「まちがっている」ということになります。しかし、相手はまちがっているのではなく、あなたとは「ちがっている」だけなのです。

男性と女性はこんなにちがう①
男性の心理

男女の脳のちがい、男女の心理のちがいなどを紹介した本がたいへん売れたようですが、男性と女性ではたしかにちがいがあります。

そのことをまずは理解しないと、夫婦円満についても語ることができないような気がします。

もともと人間は、男女でその役割に大きなちがいがありました。

それぞれにすぐれた能力ゆえに、役割がわかれていたのか、役割に合わせてそれぞれのもつ能力が開発されていったのかは定かではありません。

男性の主な役割は、ひとりで原野に出かけて、危険から身を守りながらもできるだけたくさんの獲物を女性・子どもの待つ村にもって帰ってくることでした。

その結果として男性の特徴は、

①　悩みを打ち明けるよりも、独力で解決するために自分の殻にとじこもって論理的に考える。人の助けを受けずに、ひとりで問題を乗り切ることが男の価値だと思い込んでいる。

②　①ゆえに、女性から悩みを打ち明けられると、解決してやることが自分の使命で、それが女性を幸せにすることだと思い、解決策を与えようとする。

③　したがって話を聴かない。女性の気持ちを理解するより、解決することがすべてになる。

④　女性や子どもを幸せにすることが自分の存在価値だと思っている。

⑤　④ゆえに女性や子どもから贈られる感謝の言葉を一番喜ぶ。

⑥　感謝されるためには獲物（結果・収入）をもって帰ることが一番だと思い込んでいて、女性や子どもの精神的なケアーは二の次になる。

と、主にこれらの特徴があげられます。

男性と女性はこんなにちがう②
女性の心理

一方、女性は村に残り子どもを守り育て、おだやかな生活を維持するためにも、女同士でおしゃべりを楽しみ、コミュニケーションを円滑にとることで集落のなかでの関係を円満にし、男性の帰りを待っていました。

その結果として女性の特徴は、

① 男性に比べて話すことが得意で好む。
② 問題を解決するよりも、情緒的なつながりをたいせつにする。
③ 悩みや問題が解決しなくても、気持ちをわかってもらえれば満足する。
④ ③ゆえに男性には解決策を与えられることではなく、話を聴いてもらうことを求める。

⑤ 獲物（結果・収入）もたいせつだが、精神的なサポートも同様にたいせつにする。

⑥ 男性にサポートされることにより、「あたたかい女性性」（やさしさ・おだやかさ）を感じることができる。

かんたんにふれるだけでも、男性と女性にはこのようなちがいがあります。コミュニケーションをとるときにも互いに「ちがう」ことを前提とし、そのことを受け入れながら話さないと非難し合うことになります。

ここにあげたもの以外にも、たくさんのちがいがあることだと思います。そして、ちがいを感じたときには「ちょっと教えてほしいんだけど」と相手の考えや気持ちを聴いてみてください。

教えあって学び合わないことには、二人は近づいていけないのですから。

結婚の三大要素

【精神性】

これは夫婦間の「人と人としての関係性」による満足ということです。友人であり、よき理解者であり、あらゆることにおける協力者であるということです。

そのためには、互いによく聴き、話し、一緒に考える必要があります。

コミュニケーションが少なくなるほど、相手が何を考えているのか、感じているのかがわからなくなり、精神性は不安定になっていきます。

【セクシャリティー】

これはセックスそのものの意味ではなく、男性であれば妻や子どもを支え、守り、自分によって幸せにしているという、「誇らしさである男性性」（力強さ・抱よう力）

を感じているということです。

女性なら夫から支えられ、包まれることで、おだやかでやさしい気持ちになり、「愛される価値があるという女性性」を感じているということです。

一般的に新婚当初にはほうっておいてもセクシャリティーを互いに感じることができ、満足が得られています。

しかし、遠慮のない関係になっていくと、互いの言動によって相手の男性性・女性性をひどく傷つけ、不満に陥ってしまうことがあります。

【経済性】

夫婦はただの恋愛関係でも他の人間関係でもなく、家庭経営における共同経営者です。生活が関係性のベースにありますので、経済性が安定していなければ、精神性やセクシャリティーを意識する余裕がなくなってしまいます。

収入の多少ではなく、「我が家らしい安定した家計」を協力してつくりあげていくことです。

※精神性・セクシャリティー・経済性の３つのバランスは、それぞれの夫婦によって異なります。
精神性の部分で強く結びついている夫婦もあれば、経済性の結びつきの大きい夫婦もあるというように。

新婚家庭であれば、セクシャリティーの部分が大きいのではないでしょうか？

これら三つの要素は、もちろん夫婦によってバランスはちがいますし、時間がたつと変化してきます。

しかし「そのときの二人」にとって、ふさわしいバランスをとっていくことが「円満な関係」へとつながっていきます。

本書ではこの三つの要素を軸にして、具体的にどうすれば円満な家庭が実現できるのかを示しながらすすめていくことにします。

1章

夫が動いてくれる
「ちょっとした一言」14のルール

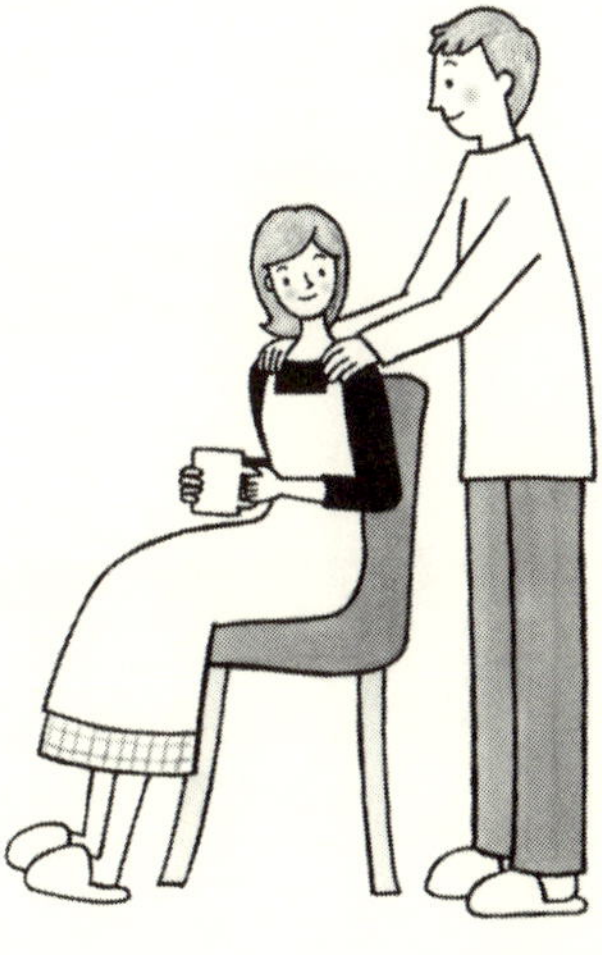

夫とのパートナー関係チェックリスト

つぎにあげた項目で、あなたが日ごろ実践しているものに（○）、実践していないものに（×）とチェックしてみてください。

1（　）あなたが起きている時間に夫が帰ってきたら、「お疲れさま」と言葉をかけている。

2（　）夫が家事や育児を手伝ってくれたら、「ありがとう」「たすかった」「うれしかった」などの言葉で伝えている。

3（　）頼りにしていることを伝えている。

4（　）話を聴いてほしいときは、「聴いてくれるだけでいいからお願い」と伝えてから話している。

5 （ ）夫が落ち込んだり、悩んだりしているとき、「いつでも話してね」と一声かけてそっとしておいている。
6 （ ）「さみしい」「悲しい」などの素直な気持ちを伝えている。
7 （ ）自分が少しでも悪かったと思ったときには、「ごめんね」と言っている。
8 （ ）起床した後は、パジャマやスウェットから必ず着替えるようにしている。
9 （ ）休日でも化粧をするようにしている。
10 （ ）二人だけで食事や映画、遊園地へ出かけることがある。
11 （ ）一年に一度だけでも手紙やメールで思いを伝えるようにしている。
12 （ ）夫の実家のグチは言わないようにしている。
13 （ ）一万円以上の買い物をするときには必ず一声かけるか、相談するようにしている。
14 （ ）家計の状態を正確に伝えるようにしている。ただし、収入が少なくて大変だとは決してぼやかない。

いかがでしたか？

これらの項目はほどよい距離感で、しかし親密な関係を築いている夫婦が共通してとっている行動や態度です。

そして、プロローグで取り上げた、**精神性・セクシャリティー・経済性**のいずれかを、あるいは重複して満たす事柄です。

「精神性」を満たす項目は　1、2、3、4、5、6、7、10、11、12
「セクシャリティー」を満たす項目は　2、3、4、5、6、8、9、10、11
「経済性」を満たす項目は　13、14

ここからは、なぜこれらの事柄がたいせつなのか、どのような意味を含んでいるのかについて解説していくことにします。

あなたがいきなりすべての事柄を実践するのは無理でしょう。

やれるもの、やれそうなものから、ひとつでも実践してみてください。

まず、あなたが少しでも行動や態度を変えることで、時間はかかっても夫も少しずつ変化していくはずです。

おそらくはやがて、夫に抱いている不満が少しずつでも解消していくことだと思います。

1　あなたが起きている時間に夫が帰ってきたら、「お疲れさま」と言葉をかけている

「人間関係はまずあいさつから」と言いますが、夫婦だって同じことではないでしょうか？

「おはよう」「おやすみ」は家族としての基本中の基本のあいさつです。

私のクライアントで、夫婦関係で悩んで相談に来られた方がいました。

三〇代前半の女性ですが、夫との関係が悪く、ストレスをずいぶん感じているようでした。

彼女の話を聴いてみました。

「夫は立場が上がってから仕事が忙しいようで、遅く帰ることが多く、いつも疲れた顔をして帰ってきます。不機嫌そうな顔をして考え込んでいるようなときもあります。

そんな雰囲気なので、話しかける気分にもなりません。私だって育児や家事で大変な

のに、まるで自分だけが大変だとでも言いたいのでしょうか！　いままでは二人だけで会話をすることはほとんどありません。でも、これは夫への不満ではありません。もうそれはいいのです。どこの夫婦だって、夫婦なんてこんなものでしょう？　ただ子どもの様子が最近おかしくて、そのことが心配なのです」

とのことでした。この女性が心配されているとおり、夫婦の関係が子どもに影響している可能性が高いでしょう。

育児や子どもの成長について悩みを抱える親は多いのですが、夫婦のコミュニケーションや関係が良好であれば子どもは安定しているものです。

なぜなら、そのコミュニケーションは相手をねぎらったり、いたわったりする一言から出発するものです。

しかし、家族のような身近な関係では甘えが入るために、相手からもらうことを考え、自分からは差し出さなくなることが多くなりがちです。

「どうして自分から与えないといけないの？」と、お互い頑《かたく》なになっていては、二人の関係はよくなることはありません。

あなたも夫も、「あいさつぐらいしたほうがいいだろうな」とは思っているはずです。そう思っているのなら意地を張らずに、まず自分から「あいさつぐらい」してしまうことです。

まず自分が変わることで、相手も意地を張りつづけるくだらなさに、自然に気づけて、心理的に変わりやすくなるのです。

「与えられないと、与えない」ではどんな人ともうまくやっていけません。身近な人間関係であるほど、ちょっとした意地の張り合いがコミュニケーションをとる気をなくさせ、二人のあいだでボタンのかけちがいを起こしていくことになります。夫婦の関係なら、なおさらこういったことがあるのではないでしょうか。

最初のちょっとしたボタンのかけちがいが心の隙間を生み、一年、三年、五年と時間の経過とともにますます心の隔たりとなり、いつのまにか気がつくと、もうその隔たりを修復することが不可能のように思えて、多くの夫婦が互いに心を切り離していきます。

なんて残念なことでしょうか。最初はちょっとしたボタンのかけちがいだったのに。

そして何よりも、男性にとって「お帰りなさい。お疲れさまでした」という言葉ほどうれしいものはありません。

「妻から一日の労をねぎらってもらい、感謝してもらえた」と感じられるこの言葉は、一日の疲れから開放してくれ、そして妻に対しておだやかな気持ちで接することができるようにしてくれます。

したほうがいいと思っていることは、意地を張らずにしてしまいましょう。あなたが変わると、相手もきっと変わりますよ。

「他人と過去は変えられない。変えられるのは自分と未来である」という言葉があるのです。

たった一言でも、「与えること」があたたかさになって還《かえ》ってきます

2 夫が家事や育児を手伝ってくれたら、「ありがとう」「たすかった」「うれしかった」などの言葉で伝えている

現在、多くの家庭は核家族となり、両親との人間関係においてわずらわしいことが少なくなったとともに、おじいちゃんやおばあちゃんのサポートを受けられなくなりました。

そして、女性の社会進出がすすみ、仕事をもつ女性が増えるとともに、家事や育児で夫のサポートが必要になっているのが現実です。

たいていの夫もそのことは理解していて、家事や育児を手伝うことは決してイヤではないものです。

しかし、男性は女性と少しちがい、仕事から帰宅し、家での用事を始めるまでにちょっとした頭と気持ちの切り替えの時間が必要になります。

女性を見ていると、いつも私は感心することがあります。

仕事や外出先から帰宅すると、テキパキと家事や用事にとりかかり、こなしてしまうのです。これには男性は勝ることがむずかしいものです。

一般的に男性は、仕事から帰宅すると、着替えて子どもをあやしたり、少し遊んだり、夕刊にかんたんに目をとおしたりと、頭と心を「家庭」に切り替えるのに時間がかかります。

かつて、私たちが狩猟によって生計を立てていたころ（もちろん、いまでも狩猟民族はいますが）、男性は危険に身をさらし原野に入っていき、命を懸けて獲物をとって女性・子どもの待つ村に帰ってきました。

どれだけたくさんの獲物をとって帰れるかが男性の仕事であり、男性の誇りであったのです。村に帰ると子どもや女性の笑顔に出迎えられ、ねぎらいと感謝の言葉をかけられ、一日の仕事の充実感を感じることができたのです。

そして身体と神経の疲れを癒すために、男性たちは火を囲み、黙って座りじっと炎を見つめて気持ちを切り替えていきました。

もちろん、現代の家庭ではこのようにはいきません。男性も仕事が終わって家庭に帰ってきても、家事や育児のサポートをする必要があります。

しかし、時代は変わっても女性の脳・男性の脳は相変わらずの特徴を維持している部分が多いようです。必要があってもすぐには切り替わらないようです。

帰宅したと同時に妻から「あれをやって、これをやって！」と命令口調で言われるとどんな男性でもがっかりしてさみしさを感じ、そして反発心が出てくるものです。

感謝やねぎらいの言葉をかけられることもなく、また仕事を言いつけられ、それを済ませても感謝されないのであれば、妻にも優しい言葉をかけられなくなります。

そこで、先ほどの項目でも書きましたが、夫が帰宅すると「おかえりなさい。今日もお疲れさまでした」という言葉をかけられることによって、男性は仕事から家庭へと頭と気持ちを切り替えるきっかけとなり、少しやすらいだ柔らかな気持ちになることができます。

頼みごとをするとしたらその後です。

「疲れてない？　着替えて少し休んでね。そのあとにちょっとお願いしたいことがあるんだけど、いいかなぁ？」

と言えば、たいていの男性はねぎらってもらった満足感とともに気持ちを静め、妻の頼みごとをかなえてあげられる状態になっていきます。

そして、「さっき言ったお願いごと、いいかなぁ？ ○○してほしいんだけど……」とつづければ男性はまずやってくれるはずです。

もちろん、夫はたいしたことなどできないかもしれません。それでも、夫が手伝ってくれた後には必ず「ありがとう。たすかったわ」とぜひ伝えてください。

感謝のことばを受け取ることで、夫は自分が妻を幸せにできている実感がもて、何かあればまた手伝ってあげたくなるものです。

こうしたあなたの対応が、夫に気持ちの余裕を与え、あなた自身も夫のサポートを受けることができ、やさしいおだやかな気持ちになれるのではないでしょうか。

「感謝の言葉」で、男はいくらでもやる気になります

3　頼りにしていることを伝えている

男性は女性からの「ありがとう」という言葉が大好きなはずです。もちろん女性も好む言葉でしょう。

しかし、男性にとっては特別な意味があります。かつて男性の仕事は、獲物を家族のもとにもって帰ってくることだったと書きました。

どれだけたくさんの獲物をもって帰れるかが、男性としての存在価値であり、誇りでもありました。

そして、女性や子どもから感謝され、幸せにできることで自分も充実感を感じることができました。

男性の充実感は、身近な人を幸せにできることで得られるところが大きいのです。

逆に、どれだけ稼いでいても妻や子どもとの関係が悪く、幸せにできていないとむなしいものです。

バブル以降、現在の日本は右肩上がりの経済成長も期待できず、したがって給与が年々上がることも期待できなくなりました。

男性もがんばってはいるのですが、いまの状況のなかで数字を上げるのは至難の業でしょう。年々上がっていく給与明細を自信と誇りに、男らしくがんばることが難しくなってきました。

しかし、男性はちょっとしたことで自信を持ったり、なくしてしまったりする生き物でもあります。

つまり、うまくおだてれば木にも登りますし、けなせばすぐに落っこちてもしまいます。そういう意味ではきわめて単純なところがあります。

妻や子どもに、

「いつもお疲れさま。ありがとう」

とねぎらってもらえて、

「がんばってね」

と励まされると、社会が、世界が、たとえ敵にまわったとしても家族のためにがんばれる生き物でもあります。

かんたんなことでしょう？

「いつもお疲れさま。ありがとう」と「がんばってね」の言葉だけで夫は「男らしく」なっていきます。

夫が男らしく、たくましくなるかどうかは、あなたの問題でもあります。

さもなければ、夫がどんどん頼りなく感じられ、あなたががんばらなければならず、「男性化」していくことになります。

いま、日本の社会でよく見られるのは、「男性の女性化」とともに「女性の男性化」です。どちらが先に誕生したかは、誰にもわかりませんが。

あなたがやさしい気持ちでいたいのであれば、夫を手のひらでころがすことです

4 話を聴いてほしいときは、「聴いてくれるだけでいいからお願い」と伝えてから話している

「夫が話を聴いてくれない」という不満をもつ女性は、多いのではないでしょうか？

これには夫のほうにも「聴けない理由」があるのでしょう。

「疲れている」「仕事のことで頭がいっぱいで余裕がない」など、つまり「聴ける状態ではない」という理由です。

男性はひとつのことを考えたり、行動したりしているときには、別のことが飛び込んできても対応できないことが多いものです。

つまり、同時にちがうことができないのです。ですから、ちがうことに頭と心を移していくためには、ちょっとした準備が必要になります。

考え事をしている男性をつかまえて、いきなり子どものことや家計のことを話し始

めても男性もうわの空で集中して聴くことができず、それを見てあなたもイライラするはずです。

あなたがもし、夫に聴いてもらいたいことがあるなら、

「ちょっと聴いてほしいことがあるんだけど」

という、男性に準備をさせる「信号」を言葉で送ることが効果的です。

この**「ちょっと聴いてほしいことがあるんだけど」という言葉は、相手に話を聴かせる「魔法の言葉」**と言われています。

この言葉は、確実に相手の意識をこちらの話に向かせることができる言葉なのです。相手も意識を切り替えて集中して話を聴くことができ、あなたも安心して話せて満足できるはずです。

また、「夫が話を聴いてくれない」もうひとつの原因には、男性と女性の「話の聴き方」の大きなちがいがあります。

これは人によってもちがうので、一概に言えないところもありますが、女性が不満や悩みを話すときは「聴いてもらえるだけでいい」ことが多いものです。

それにひきかえ、男性が話すときは「解決するために話す」のです。

これはウインドーショッピングにたとえられることがしばしばありますが、一般的にはウインドーショッピングを好む男性は少ないはずです。

男性が買い物をするときは事前にターゲットにする商品を調べておいて、いざ出動するときには「短い時間でただちに買うため」に行動します。

女性のように一日歩き回って、「見るだけでたとえ買わなくても満足」できる心理は、なかなか理解しがたいものです。

これと同じように、男性が話すときには「事前にじっくりと自分のなかで考え、答えをいくつか準備し、解決するために話す」のです。

ですから、自分が聴き手にまわっても、相手が同じことを求めていると思いがちです。

「妻は不満や悩みの解決策を自分に求めて話している」と思い込んでいますから、「それじゃあ、こうしろ。ああしろ」とすぐに答えを出し始め、女性が期待するような聴き方の姿勢をもつことができません。「解決者」になってしまうのです。

そんなときに「聴いてくれるだけでいいからお願い」という言葉は、あなたの期待を満たすのに効果的でしょう。

話を聴かない夫には、「ちょっと聴いてほしい」「聴いてくれるだけでいい」と事前に声をかけましょう

5　夫が落ち込んだり、悩んだりしているとき、「いつでも話してね」と一声かけてそっとしておいている

もし、あなたの夫が悩んでいるとき、黙り込むようであれば一般的な男性のパターンと言えるかもしれません。

なぜなら悩みを打ち明けるということは、言い換えてみれば「自分の弱さを見せる」ことでもあります。

男性はこの「弱さを見せる」ことに大きな抵抗を感じ、苦手にしているものです。

このようなときに無理に口を開かせようとしても、なかなかうまくはいかないでしょう。

〝男の価値〟は自分ひとりの力で、問題や悩みを乗り切ってみせることだと思っているわけですから。

こういったときの男性は、「洞窟にとじこもって考えを練っている」状態です。

たしかに、家庭のなかにふさぎこんで「だんまり」の人がひとりいるだけで、心配にもなりますし、うっとうしくもなることだってあるでしょう。

しかし、男性は妻や子どもの前では「いい格好」をしていたい強がりな生き物です。

かといって、「いつもこうだから放っておこう」と完全に知らん顔をされるのもさみしいもので、かえってすねてしまう可能性もあります。

ですから、「何かあったら、いつでも話してね」という言葉は、自分の弱さをこじ開けられる不安もなく、かといって気にかけてもらえているあたたかさも感じられて、男性にとってはありがたい言葉です。

そして、今度は逆に妻の話にも耳を傾けてみようという余裕にもつながっていくことでしょう。


夫が黙り込んでいるとき、一声かけてそっとしておきましょう。やがて洞窟から出てきます

6 「さみしい」「悲しい」などの素直な気持ちを伝えている

売り言葉に買い言葉。それのくり返しで、やがては互いに口さえもききたくなくなる。こんな状態が夫婦関係ではよくあるのではないでしょうか。

この売り言葉に買い言葉とは、互いに攻撃をし合うという意味です。

たとえば、夫が約束した時間に遅れたときに、

「時間も守れないの!?」

「俺だって仕事で忙しいんだ！」

などとケンカになることがあるとします。

この、遅れてきた夫に腹を立てるという「怒りの感情」は、心理学では「第二感情」であると解釈します。第二ですから、後で出てくる感情という意味になります。

じつは、あなたは意識していないかもしれませんが、その「怒りの感情」の前に、

もっと純粋な感情が心のなかに出てきているはずです。

あなたの気持ちを整理してみましょう。

約束した時間に遅れている夫を待っているとき、あなたはどんな気持ちをまず感じているのでしょうか?

帰ってくるといった時間に、連絡もなく遅れると、時間がたつにつれて「不安」や「心配」を感じてくるはずです。

そしてやがては、不安や心配をかかえて待っている自分に対して、「なぜ夫は連絡も入れてくれないのだろう?」と思うと、たいせつにされていないような気持ちになり「さみしい」「悲しい」という感情になるはずです。

そして、ようやく帰ってきた夫の顔を見た瞬間に、「怒り」の感情が一気に込み上げてくるのです。

そのときの言葉が「時間も守れないの!?」という攻撃する一言です。

あなたは夫からたいせつにされていると感じたいでしょうし、また夫のこともたいせつに思い、おだやかであたたかい関係でいたいと思うでしょう。

その期待がまったくかなわないときに、「不安」「心配」「さみしい」「悲しい」という、素直でストレートな「第一感情」がまず心のなかであらわれます。

このことを素直に言えたなら、売り言葉に買い言葉にはならないのかもしれません。

「連絡がないから心配したよ。それに待っていると不安で、さみしくなったよ。遅れるなら連絡ほしかったな」

あなたの素直なIメッセージ（自己主張）に、夫もおだやかに説明することができるでしょう。

「帰り際に取引先から連絡があって、打ち合わせをしていて会社を出るのが遅れたんだ。つぎからは遅れるときは連絡するようにするよ。ごめんね」

夫も素直にあやまりやすいでしょう。

「話せばわかり合える」のです。

しかし言い換えてみれば、「話さなければわかり合えない」のが事実です。

「私を不安にさせて、つらい気持ちにさせたあなたに、私と同じぐらいイヤな思いをさせてやりたい！」とばかりに「怒り」の感情を相手にぶつけて、YOUメッセージばかり飛ばしていると、自分の素直な気持ちをどんどんなくしていって、品がなくかわいさのない女性になっていきます。

誰だって、いつまでも女性として愛されて、おだやかな気持ちでいたいものです。
そのためにも、素直さはたいせつではないでしょうか。
このことはもちろん、男性にも当てはまります。

文句を言いたくなったら、素直な気持ちの「第一感情」を見つけてみましょう

7 自分が少しでも悪かったと思ったときには、「ごめんね」と言っている

家庭生活をしていると、夫婦の仲で、意地を張ったり、非難したり、相手を思わぬところで傷つけたり、心のトラブルを起こさないカップルなどいないぐらいでしょう。

そんなときに、どう仲直りするのか、そのやり方で夫婦の雰囲気が決まってくるところがあります。

夫婦といえども、もともと赤の他人です。

それぞれの、育てられた家庭で身につけた礼儀作法もちがえば、価値観もちがいます。やりたいこともちがえば、感じ方だってちがいます。

互いに相手を見て、まるで宇宙人に遭遇したように感じる瞬間もあるはずです。

そこでつい、自分を守るために言い過ぎてしまい、売り言葉に買い言葉になることがあります。

内心では、「ちょっと言い過ぎたところもあるなぁ。相手にも悪いところはあるけれど、自分も悪かったなぁ」と思うことだってあるでしょう?

そのときに「ごめんね。ちょっと言い過ぎました」と謝ることができれば、やがては互いに相手と自分のちがいを受け入れ合っていける、「ケンカするほど仲がいい」夫婦になっていくことでしょう。

たとえ、自分の非が「一」で、相手の非が「五」に感じられても、素直に謝るほうが得策でしょう。だって、相手も自分が「一」の非で、相手が「五」の非だと感じているものなのですから。

そして、素直に「ごめんなさい」と謝る人を、それ以上非難する人は現実ではほとんどいないでしょう。

さきほどの6の項でもふれましたが、人間関係は「どれだけ素直になれるか」ということで決まるのではないでしょうか。

あなたが素直にならずに、相手が素直になることは、まずありえません。

「さぁ、どちらが先に素直になって謝るのか」という、意地の張り合い競争はやめたほうがよさそうです。

そう「親しき仲にも礼儀あり」という言葉は、夫婦のためにある言葉なのかもしれません。

お子さんがいらっしゃる方は、わが子に言っていませんか？

「ありがとう、ごめんなさい、を素直に言いなさい！」と。

「親しき仲にも礼儀あり」は夫婦のための言葉です

8 起床した後は、パジャマやスウェットから必ず着替えるようにしている

恋愛期間中は、「彼によく見られたい。愛されたい」ために一生懸命におしゃれをします。もちろん、男性だってそうでしょう。

相手には「自分を選んでほしい」からです。

さて、恋愛期間を乗り越えて、二人が結婚することになると、「互いに相手をパートナーとして選んだ」ことになります。

つまり「外の関係」だった二人が、「内の関係」、つまり「他人」が「夫婦」になるわけです。

そのため、だんだん気を遣わなくなるのが自然とも言えます。

家庭は職場や外の世界とはちがい、リラックスできる場所であってほしいものです。

休日はいつもよりゆっくりと起床して、パジャマ姿のままゆったりとした時間をと

って朝食を食べる。

そういった、精神が緩和された状態は人間の心にとってもたいせつなことです。

しかし、精神の緩和にも限度があるものです。

たとえば朝起きて、スウェット姿のままお昼まで過ごし、そのあとジャンパーをはおり、買い物に行く……。

これでは緩和しすぎではないでしょうか？

緊張感のない精神は表情や体型にも十分に影響するでしょうし、男性からすると、スウェット姿は女性の一番美しい姿ではないように思います。

「夫が私を女性として扱ってくれない」「気にかけてくれない」「ほめてくれない」と言う妻たちは多いのですが、スウェットやジャンパーでは、ほめようもありませんから。

気にかけてもらえるだけの装いをしましょう

9　休日でも化粧をするようにしている

最近では、男性でも化粧をする時代に入ったようですが、やはり「化粧をして、より魅力的に見せる」というのは女性の特権ではないでしょうか。

服装と同じように、なにか特別なことがないと丁寧にメイクしないというのは、男性から見ると「女性」をあまり感じさせないものです。

もちろん、「素顔のかわいさ」は魅力的だし、たいせつなことではありますが、夫婦の関係ではイヤというほど見せ合ってきているはずです。

本能的に人間は美しいものにひかれます。

現実的には「いつもジャージ姿で、メイクもしないスッピンで買い物や郵便局に行ってしまう、女性であることをあきらめた妻」と、

「高価ではなくても小ぎれいで似合うものを装い、できる範囲でいくつになってもき

れいな女性でいようとしている妻」とでは、
夫の接し方も自然とちがってくるものです。

そして何よりも、いくつになってもきれいでいようという思いと、努力をしなくなると、自分のなかでどんどん女性性が失われていきます。

そして、それが自己嫌悪感につながり、ますます自信がなくなり女性性が失われていくという、悪循環に陥ってしまいます。

夫のためだけではなく、自分のためにもいつまでもきれいでいる努力を始めてください。


きれいでいようとすることが女性性を引き出します

10　二人だけで食事や映画、遊園地へ出かけることがある

結婚してしばらくの間は、新婚気分にのって二人でショッピングや食事に仲むつまじく出かけることでしょう。

しかし一年、二年と時間がたち、特に子どもが生まれると、育児や家事の忙しさにも追われ、夫婦二人だけで外出する機会が当然少なくなります。

これはごく自然なことであり、子育てにおいては必要なことでもあり、致し方ないことでもあります。

しかし、ここからがたいせつなことですが、その必然性だけにしたがって、夫婦二人で外出する機会がなくなっていくと、「二人だけの会話」もなくなっていくということです。

これはカウンセリングをしているとよくお聴きすることです。

結婚一〇年、二〇年というご夫婦でも「生活と子育て以外のことで、夫（妻）のことをまるで知らなかった」というケースがいかに多いことか！

夫婦二人だけの時間をつくらないで過ごしていると、互いに母親・父親という「役割だけの関係」になってしまい、「ひとりの人間」「ひとりの女性・男性」としての関係が失われていきます。

子育てと言われる期間は、子どもが中学生になるとともに終わります。それから先は「育てる」から「見守り」になり、適切なときにアドバイスを与える時期に変わっていきます。

そして、成人すると親から離れていきます。ほんとうは子育ての時期なんて短いものです。

その後は、夫婦二人だけの関係がずっとつづいていくのです。

そのときに互いの心の世界があまりにもちがい、会話もかみ合わないと、二人で過ごすことがストレスとなり、年々増えてきている熟年離婚になってしまいます。

これはなにも、熟年になったときのためだけではなく、二〇代、三〇代の夫婦でも、「役割だけの関係」ではなく、「ひとりの女性・男性」「ひとりの人間」としての関係をむすび、互いを理解し尊重するためにも二人だけの時間をつくることがたいせつになってきます。

子どもをある程度安心してあずけられる場所（実家や姉妹、時間であずかってもらえる保育所など）を探して、ほんの数時間でも夫婦で過ごす時間をつくってみてください。

やすくておいしいランチをともにするのでもよし、大人げもなく遊園地に行ってみるのもいいでしょう。

夫婦にとっていちばんロマンティックなのは、出会ったころの新鮮な気持ちをたまに思い出し、未来の二人について思いをめぐらしてみることだと思いますよ。

時には「夫婦という役割」抜きの会話をしてみましょう

11　一年に一度だけでも手紙やメールで思いを伝えるようにしている

恋人同士だったときは、一年に一度どころか頻繁に互いの思いを伝えていたはずの二人です。

しかし、結婚して「家族」になると、毎日一緒に生活するようになりますので、他人行儀に「思いを伝える」ことはしなくなります。

しかし、互いを尊重しよい関係をつづけていくためには、あえて「他人行儀なこと」をする必要があります。

さもなければ、二人の距離感が失われ、遠慮もなくなり、「相手がしてくれてあたりまえ」と感じるようになり、感謝の気持ちも尊重することも忘れていきます。

結婚記念日でも、年末年始でもいいでしょう。

「この一年お疲れさまでした。この一年ではこんなことがありましたね。あんなこともありましたね。来年はこんな一年にしていけたらいいですね。またこれから一年、よろしくお願いします」

というように、かんたんでも思いを伝えることはとてもたいせつなことです。

もちろん、家族ですので照れくさいことですし、ぎこちないかもしれません。

しかし、照れくさくて、ぎこちないということは新鮮だということです。

夫婦がいつまでも新鮮な関係でいられるのは、適切な距離を二人のあいだでつくることです。

ここでもやはり、「親しき仲にも礼儀あり」がよい関係をつくってくれるはずです。

新鮮さがほしいのなら、あえて「他人行儀」なことをしてみましょう

12 夫の実家のグチは言わないようにしている

夫の実家との関係に、不満を感じることが少なからずあるかもしれません。

夫の両親も自分の息子や孫のことがたいせつなので、ついついしてしまうことが、あなたから見て行き過ぎと感じることがあるでしょう。

しかし、そのことを夫に不満やグチとして言ってしまうと、今度は夫婦の関係がギクシャクしてしまうことになります。

また、あなたひとり、がまんするのもよくありません。がまんしていると、その積み重ねが将来的には夫に対する「恨み」に変わっていきます。

そして長年にわたって積み重なった恨みを、いよいよ決心して夫に打ち明けたときには、「どうして早く言ってくれなかったんだ!?」ということになるはずです。

「がまん」は決して「美徳」ではありません。

さて、ではその言い方・打ち明け方ですが、やはりIメッセージが効果を発揮してくれるはずです。

夫の実家のご両親の言動やそれに対する夫の態度を「非難」するのではなく、自分の素直な気持ちや困っていること、そして、夫に対する期待を伝えるほうがいいでしょう。

「きのうお母さんから電話があって、子育てのことでいろいろアドバイスをいただいたんだけど、私も、自分なりには精一杯やっているつもりなので聴いているうちにつらい気持ちになって落ち込んじゃったの。子育てに関してはあなたと話し合ってしっかりやっていきたいと思っているから。先輩のアドバイスももちろんたいせつなんだけど、私の気持ちも守ってもらえるとたすかるんだけど。お願いね」

こういう言い方をしておけば、夫もあなたと実家のあいだに入って守ってくれるようになるのではないでしょうか。

夫の実家への不満があるときは夫にあいだに入ってもらいましょう

13 一万円以上の買い物をするときには必ず一声かけるか、相談するようにしている

結婚生活では、愛情豊かで思いやりのある夫婦の関係が一番たいせつではありますが、それを支えてくれるのはやはり安定した経済生活です。

「衣食足りて、礼節を知る」という言葉がありますが、家庭の経済面がいつも不安状態にあれば、互いのことを思いやる心の余裕だってもてなくなってきます。

もちろん、お金はいくらあっても困ることはありませんので、たくさんあるにこしたことはありませんが、現実にはどこの家庭も何とかギリギリやっているのではないでしょうか。

たくさん稼いで裕福な生活を送ることが理想ですが、決して多くない収入であっても安定した経済生活を送ることはできるものです。

互いがお金をたいせつに使っていこうという、共通の思いをもつことによって、

「豪華な暮らし」や「ゴージャスな余暇」はかなわなくても、「あたたかい暮らし」や「心から楽しめる余暇」を実現することはできます。

その基礎をつくるためにも、たとえば一万円以上の買い物をするときには互いに必ず相談してください。

「○○を買おうと思うんだけど、どうかなあ?」

こんな普段の会話の習慣で、話題をつくることもできるし、信頼感も伝わります。ちがうアイデアだって出てくる可能性もあるでしょう。

そのような会話が、「二人でこの家庭をつくっていっている」という意識がめばえて、安定した経済生活につながっていきます。

「だまって買って、あとで不満が出る」ようなお金の使い方はよくありません。

二人の金銭感覚を近づけましょう

14 家計の状態を正確に伝えるようにしている。ただし、収入が少なくて大変だとは決してぼやかない

あなたの夫が二〇代、三〇代であれば、平均的にはそんなにたくさんの収入があるわけではないでしょう。

そして、子どもが誕生して成長してくると、いくらあっても足りないと思うぐらいにお金が必要になってきます。

しかし、現実はどうかというと、給料が右肩上がりに上昇していく会社などほとんどないのです。

夫は夫なりに精一杯がんばって家族を支えていこうとしているはずです。

夫がよほどの怠け者でないとすれば、現在の収入に感謝しながらたいせつに活用していく以外にはありません。

先ほどの項目でもふれましたが、お金は「いくらあるか」が重要なのではなく、「あるお金をどう有効に活用していくか」ということです。

そして、ほかの家庭と比較してはいけません。

車や住宅、子どもの習い事、旅行の行き先など、他人と競ったり、他人をうらやましがったりすることはありません。

「よそはよそ。うちはうち」ですから。

たいせつなことは夫婦で協力しながら、「我が家らしい暮らし方を築いていくこと」なのです。少ないお金であっても、工夫すればいくらでも楽しみ方は考えることができるはずです。

まず、夫の努力にねぎらいと感謝の言葉を贈ってあげてください。

そして「我が家の家計」を正確に伝えていくと、どんな夫でもがんばって将来の収入をあげていこうと努力できます。

家族が健康で、自分に感謝してくれていることがわかれば発奮するのが男性です。

単純な生き物なのですから、「手のひらでころがすように」使ってあげればいいのです。

くり返しになりますが、経済的な安定は「どれだけ収入があるか」ではありません。「あるだけの収入をたいせつにし、その範囲でいかに最大限に楽しむか」なのです。

それは、お金の多さではなく、じつは「心の安定」なのです。

「我が家」の経済観念を夫婦二人でつくっていきましょう

2章

妻が動いてくれる「ちょっとした一言」14のルール

妻とのパートナー関係チェックリスト

つぎにあげた項目で、あなたが日ごろ実践しているものに（○）、実践していないものに（×）とチェックしてみてください。

1（　）妻には、「何かある？」と声をかけ、理解する姿勢を見せている。

2（　）妻が不満やグチを話し始めても、さえぎらずに聴くようにしている。

3（　）帰宅して妻の顔を見たときに、「ただいま。お疲れさま」と言葉をかけている。

4（　）家事や育児で妻が忙しそうなときには、「手伝おうか？」と声をかけている。

5（　）妻から頼まれた用事はすぐにする必要性を感じなくても、すぐに済ませてしまう。

6（　）日常の「くだらない会話」をたいせつにしている。

7（　）仕事や趣味などでの妻の自己実現を応援しようと思っている。

8（　）二人だけで食事や映画を観に行くために妻を誘うことがある。

9（　）誕生日や結婚記念日、クリスマスに小さなプレゼントをしている。

10（　）一年に一度でも、妻に手紙を書くかメールを送っている。

11（　）自分にとって、妻が一番たいせつであることを伝えている。

12（　）妻の容姿についてけなすようなことは決してしない。

13（　）清潔感をたいせつにしている。

14（　）収入を上げていくようにがんばると妻に話している。

いかがでしたか？

これらの項目はほどよい距離感で、しかし親密な関係を築いている夫婦が共通してとっている行動や態度です。

そして、プロローグで取り上げた、**精神性・セクシャリティー・経済性**のいずれかを、あるいは重複して満たす事柄です。

「精神性」を満たす項目は1、2、3、4、5、6、7、8、9、10、11
「セクシャリティー」を満たす項目は4、7、8、9、10、11、12、13
「経済性」を満たす項目は7、14

ここからは、なぜこれらの事柄がたいせつなのか、どのような意味を含んでいるのかについて解説していくことにします。

あなたがいきなりすべての事柄を実践するのは無理でしょう。

やれるもの、やれそうなものから、ひとつでも実践してみてください。

まず、あなたが少しでも行動や態度を変えることで、時間はかかっても妻も少しずつ変化していくはずです。

そのことにより、おそらくはやがて、妻に抱いている不満が少しずつでも解消していくことだと思います。

1　妻には、「何かある？」と声をかけ、理解する姿勢を見せている

これは妻の「精神性」を満たすためには重要なことです。

まず「関心をしめす」ことが精神性を満たす基本になるからです。

「もちろん夫婦ですから、妻には関心を払っているつもりですよ」という「つもりの夫」がたくさんいらっしゃるようです。

しかし重要なことは、いくら夫が「つもり」でいても、妻がまったくそう感じていない場合が多いということです。

あなたが妻に、「何かある？」と時々にでも声をかけ、理解する姿勢を見せることで、二人の精神的な結びつきが実感できるようになります。

妻の悩みや心配事、好きなことや喜ぶ事を知っていますか？

もし、あなたが知らないとすれば、妻は精神性において満足していることはないで

しょう。

そしてもちろん、妻もあなたに関心を払うこともありません。

人間はだれでも自己中心的です。自分が幸せになるためにもっとも自分に関心を払います。

そのため、余裕がなかったり、疲れているときなどは特に自己中心的になり、身近で甘えが許される人間関係では関心を示したり気遣うことを怠ってしまいます。

つまり、相手の幸せに無関心になってしまっているのです。

しかし、夫婦という関係は「生き物」なのです。その生き物は、たとえてみれば「植物」といったところでしょうか。

植物は日々、目に見えて変化したり成長したりはしません。

しかし、辛抱強く毎日水をやり、あたたかいお日様に当ててやり、関心を示していないと気づかないうちに枯れてしまいます。

たとえ、週に一回でも、

「何かある？」

「なによ、突然？」

「いやー。何か聴いておくことがあれば知りたいなぁと思って」

という二人のやり取りがあれば、夫婦という生き物は水を得たことになるのではないでしょうか。

一声かけて、妻の幸せに耳を傾けてみよう

2 妻が不満やグチを話し始めても、さえぎらずに聴くようにしている

さて、夫婦というまるで植物のような「生き物」に水を与えたあと、つぎには「あたたかいお日様」を当ててみてください。

「ねえ、きょうあなたの実家のお母さんから電話があって、子育てについていろいろアドバイスをされたんだけど、聴いているとつらくなってきちゃって。私だって一生懸命にやっているつもりなのに」

こういうグチや悩みを受けたときに、どんな対応をとっていますか？

「そんなこといちいち気にすんなよ。嫁姑の関係がもっとこじれるぞ」

「孫は目のなかに入れても痛くないほどかわいいって言うじゃないか。年老いてきた親の気持ちを理解することもたいせつなんじゃないか？」

「グチばかり言うなよ。やっぱり親から見たら未熟なところもあるんじゃないか？」

「まあそのうち言われなくなるって。しばらくのがまんだよ」


これらの対応はいずれも、夫がよくとる対応の例ですが、これでは妻は余計にやりきれない気持ちになります。

なぜなら、これらの対応は「妻の話を聴き、気持ちを理解しようとしている」対応ではなく、「自分の母親の行動に不満をもつ妻の気持ちを変えようとする」対応だからです。

つまり、「わかろうともせずに、変えようとする」やり方なわけです。

ここで重要なことは、相手の悩みや問題を**「解決」**することではなく、**「理解」**することです。

なぜなら、妻はあなたの解決策などを求めているわけではありませんから。

夫は一般的には、妻が不満やグチを言い出すと、自分を批判しているように思いますが、じつはそうではありません。

ほとんどの場合は、夫に気持ちをわかってもらいたいだけです。

「自分がこんなショックを受けた」

「自分はこんなつらい気持ちになった」

ということを夫にわかってもらえれば、また自分を取り戻すことができるのです。

これは夫婦だけではなく、子どもに対しても、職場の人間関係でも同様です。

コミュニケーションの基本は「**まず変えようとするな、わかろうとせよ**」です。

つぎのような対応をすると、ずいぶんスムーズにいくのではないでしょうか。

「そうかぁ。そんな電話があったんだね。君なりに一生懸命だから（非難されているような気分になって）、つらかったんだね」

このようにポイントだけでも「くり返して」聴くようにすれば、相手は「理解してくれて、気持ちもわかってくれた」という「実感」がもてます。

これは、何も妻の言うことに同意・同情しているのではなく、「理解」を示しているだけです。

人間は「わかろうとしてくれる人」がそばにいるだけで、精神的に満たされ、少々つらくてもがんばっていけるものです。
そして何よりも、わかろうとしてくれる人に信頼感と愛情を感じるものです。

悩みやグチは解決しようとしないこと。
ただ「聴く」だけでいいのです

3　帰宅して妻の顔を見たときに、「ただいま。お疲れさま」と言葉をかけている

あなたなりに一生懸命に働いて帰宅したときに、妻にはどんな言葉をかけていますか？

人間は、自分がしんどい思いをしてがんばっているときほど、相手のしんどさがわかっていないものです。いまは家事や育児をするにも、以前とくらべるとずいぶんラクになったと言われています。

乾燥機付き全自動洗濯機・食器洗い機などのすぐれた家電の登場のおかげでしょう。買い物だって、車を使うと、重い荷物をもつこともありません。

しかし実際は一日中、家事と育児をやることは精神的な面も含めて、なかなか大変なものです。私も、まれではありますが、妻の代わりにやってみる機会があるのですが、「これなら仕事をやっているほうがラクかな」と思うことがあります。

ひとつの例ではありますが、仮に家事と育児を中心とする仕事を、ホームヘルパーやベビーシッターに外注すると、一ヶ月に五〇万円ぐらいの支払いになるそうです。

もちろん、そんなことを現実にはやるわけはないのですが、外で働くことと同様、あるいはそれ以上に大変なことだってあります。

ですから、「妻と夫とどちらのほうが大変な思いをしているか」くらべることなどできないし、「外で働いているほうがえらい」などということもありません。

二人はちがうことを担当し、協力しているパートナーなわけですから、互いに今日の一日をねぎらい合うことが自然でしょう。

「今日も一日、お疲れさま」。この夫のひとことで喜ばない妻はいないでしょう。

そして、妻だって自分の労をねぎらってくれる夫にやさしくもなるでしょう。

たった一言、気持ちを贈ることで、あたたかな関係が生まれます。


ちがう仕事をしていても、妻もあなたと同じくらい大変なものです

4　家事や育児で妻が忙しそうなときには、「手伝おうか？」と声をかけている

あなたの妻が、いつもイライラし、不満を口にして、以前のような優しい笑顔やおだやかな話し方が失われているようでしたら、それはあなたの妻が「男性化」しているためです。

先ほども書きましたが、あなたの妻が専業主婦であっても、ましてや仕事をもっているとしたなら、家事や育児はなかなかの重労働です。

そうじをして洗濯をして、買い物に行き、食事の支度をする。そして食べ終わったら洗い物をして、子どものおもちゃが散らばっていたらそれも片付けて、取り込んだ洗濯物をたたんで収納する。

実際には、もっとこまごまとした用事がつぎからつぎへと出てきます。そしてこれらのことは外で働いているように、定時もなければひとつの仕事を終えたという区切

りも達成感もない仕事です。

そして、それがエンドレスにつづいていくのが生活するということです。

多くの女性の行動パターンは、「やらないといけない」ことを思いつくと、すぐにそれを済ませてしまわないと気が済まないようです。

イライラしていても、疲れていても、それを済まさないと、つぎの何かをすることや、ゆっくりくつろいで休むこともできないものです。

男性から見ていると「適当にやればいいのに」と映るかもしれません。

しかし、これは理屈ではなく男女のちがいのようですから認めざるを得ません。

イライラしながら家事をして、疲れているのに育児にとりかかって、そしてますますイライラして疲れてくる。

だから、子どもに対しても優しくかかわることができなくなり、必要以上に感情的にしかるようになる。

もし、そんなシーンを見ながら居心地の悪さを感じたら、夫のあなたのサポートが必要だという合図です。

サポートと言っても、よほど家事や育児に慣れている男性以外は、残念ながらたいしたことはできません。

そして妻も「たいしたこと」を夫に頼めるなどとも思っていません。しかしここでたいせつなことは、「何か手伝おうか？」という一言です。

まちがっても、

「おい、そんなにイライラするなよ！」

「子どもに感情的になりすぎだぞ！」

などと言ってはいけません。

これは、この状況では「禁句中の禁句」です。

たとえあなたが「たいしたこと」ができなくても、「何か手伝おうか？」と声をかけることによって、妻は「自分が大変だということを夫は理解してくれている」と感じることができます。

そして、たいしたことではなくても、夫が手伝うことで「自分ひとりががんばっているのではなく、夫と一緒にやっている」という心強さも感じることができます。

「孤軍奮闘《こぐんふんとう》のしんどい思いをしている状況」から、「夫が手を差しのべてくれ、サポートしてくれている安心感」という気持ちへの変化は、男性の想像を超える効果があります。

「妻の男性化」にはご注意を！

あなたがちょっと一声かけてかんたんなことをするだけで、妻はおだやかな気持ちに戻れて、やさしい笑顔を見せてくれるものです。

「妻の男性化」にはご注意を！
「手伝おうか？」の一言で、妻は女性になる

5　妻から頼まれた用事はすぐにする必要性を感じなくても、すぐに済ませてしまう

これは先ほどの「妻のサポート」のつづきになりますが、妻から「○○をしてくれない？」とかんたんな用事を頼まれたとします。

しかし、あなたは仕事から帰ったばかりであるとか、あるいは子どもと遊んでいるときだとします。そして、その頼まれた用事は、いますぐに済ませる必要性はなく、あとで済ませてもまったく問題ないと、あなたは判断したとします。

しかし！　です。それでもすぐに、その用事を済ませてしまうほうが賢明です。

なぜなら、こういう状況のときには女性にとって、「問題がない」とか「効果は変わらない」とかという「論理性」はまったく通用しないからです。

それは男性の思考であって、妻のそれとは「ちがう次元」だからです。

つまり、「頼んですぐにやってくれないことは、たとえ後でやってくれても意味ナ

シ」ということです。

問題なのは理屈ではなく、「自分のお願いしたことを最優先でやってくれないこと」のみです。ですから、どうせやってあげられることであれば先にやってあげましょう。

こういう話をすると、「それは筋が通っていないじゃないか！」という男性からの反論をいただくのですが、逆に私からはこう言いましょう。

「だからあなたは女性の気持ちがわからないんですよ」と。

もちろん、「オーケー。着替えてお茶をいっぱい飲んだらすぐにやっておくよ」とか、「じゃあ、あと一ページ絵本を読み聴かせたらやっておくね」と言うなら、「このあと間もなく、最優先でやる」ことが伝わり、あなたの妻も納得感があるでしょう。

さて、ここで考えてみましょう。どうせやることであれば、いますぐにやって感謝され、妻がニコニコしている家庭と、せっかくやったにもかかわらず、感謝されるどころか妻が不満な表情をしている家庭と、どちらがいいでしょうか？

理屈でないのが「女ゴコロ」です

6　日常の「くだらない会話」をたいせつにしている

夫婦の問題でカウンセリング・ルームに訪ねてくる妻たちの話を聴いていると、つぎのような感想をよく聴きます。

「夫とコミュニケーションをとれと言われても難しいです。仕事のことでも多くを語ろうとしませんし、子どもの教育についてはわからないのか、これにも口を開こうとしません。話すことがまるで損でもするかのような態度なのです。何でもないような夫婦の会話もほとんどないので、いざ、たいせつなことを話そうにもとっかかりがありません」

コミュニケーションというのは、重要なことについて話し、理解し合うためには日ごろの「心の架け橋」が必要になります。

食事のこと、食器のこと、昼食をとったお店のこと、友人のこと、新聞に入っていた折り込みチラシのこと、その日職場で起こった笑える話など、「くだらない話」をあたたかい雰囲気でどれだけ話しているかは、じつはとても重要なことなのです。

なぜなら、話の内容はまったく無駄なことばかりかもしれませんが、重要なことは二人でいるときの「空気」なのですから。

もちろん、いまの日本社会でがんばっている男性はなかなか大変な状況ではありません。

仕事で悩み、仕事の人間関係で頭を痛め、ストレスを抱えて、その解決策を考えるためにも「くだらない話」や「無駄な話」などする時間も惜しいし、そんな気にはなれないこともわかる気がします。

しかしながら、そういう男性を見て女性は、「おもしろみのない、つまらない男」と感じています。

だから、一緒にいてもおもしろくもないし、話しかけようにも、いつも難しそうな顔をしているので気が引けてしまいます。

たいせつな話をしようにも「気楽な空気」が二人にはなく、おっくうになってしまいます。

こうして夫婦二人だけの会話がいつの間にかなくなり、互いのことがまったくわからなくなってしまいます。

これは夫婦だけではなく、人間関係においても、「くだらない話」はとてもたいせつです。

そういう話をしているうちに、「ああ、そういえばじつはね……」という深い話にも入っていけるものです。

何気ない会話で「夫婦の空気」をつくりましょう

7 仕事や趣味などでの妻の自己実現を応援しようと思っている

現在の日本では結婚後、専業主婦として一生を過ごす女性がどんどん減ってきています。

これはごく自然なことと言えます。これには、経済の低成長による世帯の収入減少や、男女雇用機会均等法が大きく影響しています。

また、子どもがある程度成長してくると、子育てにさほど時間をとられることもなくなり、再就職をしたり自分でビジネスをはじめる女性も増えてきています。

そのような能力の高い女性は、社会からも求められるようになっています。

かつての日本では、「結婚したら女性は専業主婦」という考えがあったようですが、現在ではむしろまれになってきました。

しかもこの考えは、日本の歴史のなかでも、ほんの四〇年間たらずの時期においてのみだったようです。

農業や商業が世帯単位で行われていた時期は、女性はたいせつな労働力でした。

現在では、○○さんの奥さん、○○ちゃんのお母さんという「役割だけの自分」ではなく、一個人として能力を発揮して、社会とつながっていきたいと考える女性が多く現れています。

よく考えてみるとあたりまえのことなのでしょう。

もちろん子育てを楽しみ、夫とあたたかい家庭を築くことも幸せなことです。

しかし、自分の人生を生きたいという願望は人間誰しももちえるものです。

あなたの妻が、仕事をもう一度はじめてみたいと言い出したら応援してあげてはいかがでしょうか。

結婚で一度退職した女性が再就職するのは、いまの日本の現状では至難の業ではあります。

最初はアルバイトやパートで、たいした収入にもならないかもしれません。

しかし、たいせつなことはこの場合収入ではなく、妻が社会に出てもう一度自分を磨こうとすることではないでしょうか。

それが仕事であっても趣味であっても、社会に一個人として出て行き、容姿・内面ともに磨いて幸せになることをサポートするのも「夫の甲斐性」だと思いませんか？

ちなみに、自分に自信がない夫ほど、妻が外に出ることを妨害するものです。

妻の幸せを応援するのも男の甲斐性

8　二人だけで食事や映画を観に行くために妻を誘うことがある

これは妻への質問項目にも入れましたが、夫婦という関係になると恋人であったときのようなロマンスは失われていきます。

しかし、失われていくというのは正しい表現ではなく、「あきらめていく」のほうが適切かもしれません。

結婚してやがて子どもが誕生し、どっぷり現実の生活に浸かり互いを見ていると、あのときのロマンティックな気分など戻るわけなどないと、絶望的な気分になるかもしれません。

しかし、まちがってはいけません。恋人だったときは互いに「恋人」という役割しかなかっただけです。それはまだ、現実に生活を通しての夫・妻、父親・母親という役割を、演じたことも見せ合ったこともない、幻のような浮いた関係です。

しかし現実の役割が発生する生活を通じて互いを見ると、欠点や弱点をもった「ありのままの互い」を見せ合うことになります。

そして、常に「役割を通しての互い」しか見せなくなると、どんどん相手を「女性」「男性」として感じられなくなっていきます。

ひんぱんにとは言いません。三ヶ月に一度でも、夫婦二人で外出してみてください。お金をかけることも、気取った場所に行く必要性なんかもありません。

生活の役割から外れて、ひとりの男性、ひとりの女性としていっしょにランチを食べに行ったり映画を観に行ったりしてみると、いつもの夫婦関係とはちがった感覚になっていけるものです。

最初は話題も浮かばず、ぎこちないかもしれませんが、やがて二人の関係に慣れてきます。それに、恋のかけ引きや、無理に「ええ格好」をする必要性のある二人ではありませんので、慣れてしまうと心から二人の時間を楽しめるようになります。

ロマンティックは非日常を楽しむことです

9 誕生日や結婚記念日、クリスマスに小さなプレゼントをしている

プレゼントは、高価なものを贈る必要などありません。

もちろん余裕があるのなら、高価なアクセサリーなどを贈ったなら、女性であればきっと喜んでくれるでしょう。

しかし、現実は夫の一ヶ月の小遣いは、平均で三万八千三百円（四〇歳既婚者、二〇〇四年調査）ですから、高価なプレゼントなどは無理でしょう。

かつて独身だったときには、収入の大きな部分をデートやプレゼントに使っていたはずです。

もちろん、お金だけではなく気も遣い、楽しませることに努力もしたことでしょう。

そして、恋人であったときの妻はあなたのひたむきさと、たいせつにしてくれる態度にもひかれ、将来の生活をともにしていくことにあこがれたはずです（もちろんそ

の辺の事情はさまざまでしょうけど)。

一般的に男性を称して、女性がよく口にする表現があります。「釣った魚に餌はやらない」。

これはある意味で事実かもしれません。恋人の関係であるときには、男性はまず、女性の気持ちをいかに自分にくぎづけにするかを考え、行動します。

それとともに、他の男性に彼女の気持ちが移らないように、懸命にメンテナンスをします。

自信過剰か、あまり彼女との将来に興味がなければ話は別かもしれませんが、とにかく彼女を自分のものにするまでは何が起こるかわかりませんので、どんな油断も許されないのです。

なにせ彼女が好きで、将来の生活もともにして、守り、幸せにしたいからです。

そしてめでたく結婚し、夫婦として社会的な認知を得て、いよいよ自分のものとなると、今度は彼女(妻)を幸せにする「方法」が変わってきます。

ロマンティックな雰囲気をつくり、愛していることを言葉で伝え、プレゼントを通してその気持ちを形にすることで彼女を幸せな気持ちにすることから、より安定した生活、より余裕のある生活を妻や家族に提供するために、責任感をもって黙って働くようになっていきます。

ロマンティックな気持ちは自然に減っていくかもしれませんが、彼女（妻）をたいせつにする気持ちは変わっていないはずです。

たいせつだからこそ、黙って耐えて、愛の言葉をささやく間も惜しんで仕事をこなし、ストレスのたまった心と体を癒すために休日は黙って寝転んで休み、また明日からがんばって働くための準備をする。

すべては妻と子どものためですよね。

しかし、です。女性から見ると、恋人だったときはあれほど気を遣ったジョークを飛ばし、デートではやさしくエスコートしてくれ、あまい言葉とともにプレゼントをしてくれた「あのとき」と「いま」のギャップが感情的・生理的には受け入れられないようです。

「あたま」では理解しているはずです。

家族のために仕事をがんばってくれていることも、少ない小遣いのなかやりくりしていることも、わかっているのです。

それでも女性は、「自分のことをいつも最優先でたいせつに思ってくれている、目に見える何か」が必要なのかもしれません。

それが結婚記念日の三〇〇〇円の花でも、誕生日の八〇〇〇円のアクセサリーでも、五〇〇〇円の手袋のクリスマスプレゼントでも、「いつもたいせつに思っている気持ち」が伝わればいいのです（ただし、妻のセンスにあったものでないとダメですよ）。

そして、最優先でたいせつにしている気持ちが伝わると、きっと妻は女性らしい、優しい雰囲気でいられるようになってくるでしょうし、あなたの仕事をもっと素直に認めることだってできるようになります。

「気持ちのプレゼント」を妻にしましょう

10　一年に一度でも、妻に手紙を書くかメールを送っている

これに関しても、「釣った魚に餌はやらない」の文脈に入るでしょう。

もっとも、恋人時代からラブレターらしきものを送ったことがない男性もいるでしょうが、やはり「目に見えてたいせつに思ってくれていること」が重要なのです。

アメリカ合衆国では、「愛している」という言葉が夫婦のあいだで交わされる会話のなかであまりにも少ないと、それについて妻が不満をもち訴えた場合、裁判となると妻が勝訴するという話を聴いたことがあります。

まあこれは少々オーバーな作り話かもしれませんが、それぐらい「愛している」「たいせつにしている」という言葉を、アメリカでは日常のなかの夫婦間で贈っていることにはまちがいがありません。

私たちは文化のちがいもあるのですが、夫婦間で「愛している」という言葉はあま

り言わないのではないでしょうか。

以前、私のゼミに参加していらっしゃった熊本県出身の七〇代の男性に質問したことがありました。

「夫婦円満の秘けつをどうお考えでしょうか?」

「ラブレターを書くことですたい!」

「えっ!　奥さんにラブレターを書かれるのですか?」

私は驚いて聴き返してしまいました。

「もちろん書いとります。三〇年以上は書いとります」

そうさらりと答え返されました。

少なくとも二ヵ月に一度ぐらいは、いま自分が考えていること、感じていること、自立した子どもたちに対する思いを、そのときどきに素直にしたためて手紙にして奥さんに渡していらっしゃるそうです。

そして最後にこうもおっしゃいました。

「愛は努力ですたい!」

私たちは結婚して、夫婦となり、家族となると、「いちいち言わなくてもわかっているはず」というあまえが強くなり、遠慮もなくなってくるようです。

しかし、家族だからこそ、夫婦だからこそ、「たとえわかっていることでも、愛情をもっていちいち伝える」ことがたいせつなのではないでしょうか。

たとえ年に一回、年末でも年始でも、妻の誕生日にでも、

「いつも感謝している。ありがとう。そしてたいせつに思っている」

ということを、メールや手紙で伝えてみてください。

そう言われてあなたの妻は、照れながらもうれしいはずです。

そして何よりもあなたの気持ちがまた新たになります。

人間は、自分で言葉に出すことで、その気持ちがよりいっそう強くなるものです。

ラブレターは結婚してからがたいせつ

11　自分にとって、妻が一番たいせつであることを伝えている

どの家庭でもよくあるのが、嫁姑の問題です。

いまは、ほとんどの家庭が核家族になっていますので、同居のうえでの嫁姑バトルは見られなくなりましたが、それでもかかわりは何らかのかたちであるはずです。

あなたの親も普通であれば息子や孫のことがかわいいので、つい心配になって「一言」言いたくなることもあるでしょう。

しかし、その一言は妻からすると「ありがたくない一言」である場合もあり、大きく気分を害することもあるようです。

とくに家事のことや育児のことで、夫の親からすると「アドバイス」のつもりでも、妻からすると自分のやっていることを非難されたような気分になるものです。

さて、このときに重要なのはあなたの夫としての言動です。

あなたの親と同調するのはもちろんのこと、このときに黙認していると後で「まずい」ことになります。

なぜなら、このときに夫であるあなたにまで黙認されると、妻からすると四面楚歌の状態となり、援護者なしの孤独感に襲われます。

あなたのほうは、決してそんなつもりではないかもしれません。

自分の親が心配して、思いやりがあるからこそ、あれこれとアドバイスしてくれていることもわかっていますし、人生の先輩としての意見にはうなずけるものがあります。

「参考として素直に聴いていればいいじゃないか」と、思っているはずです。

もちろん妻も「あたま」では理解しています。

しかし、問題なのはこのときに味わう「孤独感」なのです。

いくらそのアドバイスに理解はできても、あなたにまで見方になってもらえなければ「心で納得」できないのです。

そして、さみしさだけが残るのです。もうこれは、正しい・まちがっているという問題ではありません。

あなたの親が妻にアドバイスを始めたなら、あなたがそのあいだに入るべきです。

「ありがとう。でもちょっと待って。うちの家庭は二人で考えて相談して決めることにしているから、そのアドバイスは僕が聴くよ」

このような姿を見せることによって、妻からは頼りになる存在だと思われますし、孤独感を味わわせることだってありません。

あなたが親に同調、あるいは黙認していると、「いつも親の言うままに従い、自分の意見を持たない、頼りにならない夫」というように思われてもしかたありません。

結婚して家族をもつと、あなたは世帯主となります。

もちろん、自分たちを守り育ててくれた親には、最大の感謝と敬意を払うべきだと思います。

しかし、親の世帯とはもう「別世帯」であり、あなたが家族の主です。

「よそはよそ。うちはうち」。これは親の世帯との関係にも当てはまります。

自立したあなたは、いまや親とはそういう意味においては他人となったわけですから、家庭の方針ややり方は妻と二人で話し合って決めていく問題です。

あなたにとって一番たいせつなのは妻であるはずです。

これからの人生をともに歩み、苦楽もともにし、子どもを守り育て、その後も新たに歩みつづける一生のパートナーです。

互いにちがう家庭で育てられたので、文化も価値観も当然ちがうでしょう。

それを、ときにはぶつかりながら、ケンカしながらもすり合わせて、新たなあなたの家庭の文化を築いていくことです。

誰に対しても毅然とした態度でそのことを示さないと、妻や子どもから尊敬されることはないでしょう。

そして、そのようなことは、あなたの親も息子がひとりの大人として、自立して生きていくことを喜ぶのであれば、もちろん認めて受け入れてくれるでしょう。

たとえ実家といえども「よそはよそ。うちはうち」

12　妻の容姿について　けなすようなことは決してしない

あたりまえのことですが、女性はいくつになっても女性です。

その年齢にふさわしい女性らしさと美しさがあるはずです。

しかしもし、あなたが妻を見てきれいに見えないとすれば、それはあなたにも何らかの責任があるのかもしれません。

ほとんどの女性にとって、「これだけは言われたくない言葉」として代表的なものとして、「いまさらどうしたんだ」という言葉だそうです。

これは妻たちが出産後の体型を気にしていたり、ダイエットに励んだり、新しいメイクや髪形にチャレンジしているときに夫から発せられる言葉です。

女性はいくつになっても自分が女性として生まれてきたことを喜び、年齢とともに若々しさは失われたとしても、「いまの自分にふさわしい美しさ」を楽しみたいものでしょう。

その気持ちを理解するどころか、まるで「君はもう女性ではない。早くあきらめなさい」とでも言わんとするこの夫の言葉に傷つかない女性はいないはずです。

なにも、歯の浮くようなお世辞を妻に言え、ということではありません。

「出産すると体質が変わるから大変だよね」「少しだけどスリムになったんじゃない？」「メイクと髪型を変えたんだね」と関心を示すだけでもいいのです。

さもなければ誰が妻に関心を示すでしょうか？

もちろん友人や（仕事をもっているなら）職場の人たちはいるでしょうけど、パートナーである夫から「あきらめられる」のでは悲しすぎるのではないでしょうか。

このことは妻から夫への関心をもつことも同じことです。結婚してからも、夫婦で互いに関心を示し合うことはもっとも重要です。

水を与えて、あたたかいお日様に当ててやらないと、互いに枯れてしまいます。

妻は空気ではありません。たまには観察してみましょう

13　清潔感をたいせつにしている

「スキンシップをとらない夫婦は心の距離も離れていく」

アメリカの結婚カウンセラーたちが口をそろえて言っているこの言葉は、かなり説得力があります。

スキンシップとはセックスだけのことではなく、手をつなぐ、腕をくむ、肩を抱く、背中をさする、マッサージや肩をたたくなどもスキンシップです。

このようなスキンシップをとっている夫婦は互いを心理的にも近く感じ、親密さを育んでいきます。

「やさしく触れる」という行為は人間の五感をとおして愛情・親密・安心・信頼を感じさせます。

しかし、相手に対して「不潔な感じ」をもつと、スキンシップなどとらなくなるはずです。

「清潔感がある」ということは、女性にとってとてもたいせつな要素です。

男性に触れたくない理由の第一位が「不潔に感じるから」だそうです。

これは夫婦関係においても、やはりある程度共通することではないでしょうか。

ここで言う、不潔に感じるというのは、もちろん俗に言う「男くささ」とはちがうようです。男くささは男性としての魅力を感じることで、実際に「くさい」こととはちがうからです。

では、「不潔」とは具体的にどのようなことなのか、さらにくわしく聞いてみると、「入浴しないことがある」「フケが襟や肩にかかっている」「シャツの襟や袖が汚れている」「口臭が気になる」「靴が汚れている」ことは当然のこととして、「つばを吐く」「たばこのポイ捨て」「鼻毛が伸びている」「くだらないシモネタ」「オヤジギャグの連発」などが上がってきます。

このような態度や行動をとる男性に対して「清潔感」を感じないということです。

一般的には女性はマナーを守ることを強く期待するものです。

これらのことは神経質な女性でなくとも、かなり気になるはずです。そして妻のみならず、娘がいる場合には、ほぼ確実に娘にも嫌われるようになるはずです。

「セクハラ」という言葉がいまや一般的に社会で使われるようになりましたが、セクハラのむずかしいところは、「何をした」という具体的言動も問題にされますが、じつは「誰がしたのか」という属人的な要素のほうがもっと大きな問題となります。

つまり、「清潔感のある男性」が肩に軽く触れて話しかけると好意をもつ女性が多いのですが、「不潔に感じる男性」が同じことをすると訴えられるわけです。

「そんなのはおかしい！　納得できない」といくら叫んでも、セクハラの定義の優先項目は「不快感」ですからどうしようもありません。

「常におしゃれをしてダンディーでいるべきだ！」とまでは妻も求めていないはずです。

清潔感をたいせつにして、たまには手をつないでみる、腕をくんでみるだけでもいいのです。

ちょっとしたスキンシップで「心の距離」を近づけてみてください

14　収入を上げていくようにがんばると妻に話している

あなたがどのくらいの収入を得ているかはわかりませんが、二〇代・三〇代であれば、十二分に満足とは言えないかもしれません。

家賃（住宅ローン）や教育費、食費、娯楽費、家電購入費、車の購入費など、現代社会は普通に暮らすだけでも結構な出費があるはずです。

一般的には女性は結婚すると、しかも子どもができると、「守る」ということを本能的に優先順位のトップにし、反応するようになります。

種族保存の本能をもつ人間の、特に女性のこの反応は当然のことと言えます。

だからより強く、豊かさのうえに守ってくれる男性を伴侶として望みます。

そして男性も、よりたくさんの「獲物」を獲得し、もち帰ることが自分の存在価値であると自負していました。

しかし、現在の日本ではなかなかそうはいかないものです。

収入は上がってほしいのですが、相変わらず景気は回復したとは言えず、この先、年収が上がっていく材料を見つけることは難しいぐらいです。

そして、あなたの妻もそのぐらいのことは理解してくれているはずです。

ここで言いたいことは、「何が何でも収入を上げるべきだ！」とか、「会社を辞めてベンチャービジネスをいますぐ立ち上げ、成功者になるべきだ！」ということではありません。

「経済的安定」は結婚生活にとって大変重要なポイントになります。

いつもお金の心配をしているようでは、思いやりやいたわりの気持ちももてなくなってきます。

しかし、収入が多いから安定しているというわけではありません。

たくさんのお金があっても支出が激しく、常に不安があるようでは、いくらお金があっても「心の安定」はないでしょう。

重要なことは、いまの自分たちの収入をまずは喜び、そのなかで無理のない生活を二人で設計していくことです。

そういう基準で経済生活を見ていくと、ローンの組みすぎはタブーでしょう。

三五年の住宅ローンから始まって、車は五年ローン、家電、旅行、趣味に至るまでローンを組む人たちがいます。

よく考えてみると、これらはすべて、「利息の高い借金」なわけです。

世の中には経済観念がない人が多いことに、ほんとうに驚かされます。

借金をしてまでの快楽の先取りは決してよい方向には向かいません。

住宅に関しては致し方ないのかもしれませんが、ローンは極力しないことです。

コツコツと貯めて、収入に見合った暮らしと楽しみ方をすることで、経済的な「心の安定」は手に入るものです。

そのような安定のベースがもてると、あなたが心身ともに健康で、一生懸命に仕事に精を出すことで妻も生活に安心感をもつことができます。

そして、「がんばって少しずつでも収入を上げていくよ」という一言が、あなたの頼もしさを妻に感じさせることでしょう。

そうは言っても簡単に収入が上がる世の中ではありません。

状況によっては下がることだってあるでしょう。

妻もそのぐらいのことは理解しています。
たいせつなことは「収入を少しでも上げて、家族を守っていこう」とする**「姿勢」**なのです。

せめて「姿勢」だけは男前でいきましょう

II　ここちいい家庭をつくる夫婦の子育て

プロローグ　子育て、悩んでいませんか?

子育てに「絶対」はありません

カウンセリングをしていますと、お母さん・お父さんの来談による、子どもに関しての相談件数が一番多いです。

なぜなら子育ては「こうすればまちがいない」という回答がないからでしょう。

子どもによって特徴や個性がみんなちがいます。

「こう接すれば、子どもは必ずこうなる」ということはありません。

そして、子どもと接する親もひとりの人間ですから、テキストどおりの対応がいつもできるわけではありません。

子どもが健康に育つようにと、どの親も願っているはずです。

しかし、どうすれば身体が「健《すこ》やか」で、心が「康《やす》らか」な人に育ってくれるのか、迷っている親がほとんどではないでしょうか。

ここでは、児童心理学やコミュニケーション論で言うような専門的な知識や、テクニックを要するような子どもとのかかわり方については書きませんでした。

なぜならば、よほどのトレーニングを受けないと実践不可能だからです。

子育てはもともと「生活習慣」のなかでなされるものです。

毎日の生活のなかで、誰にでもすぐにできて、効果の上がるものばかりをチョイスしました。

お父さん・お母さんがちょっと協力し合って生活に取り入れることで、きっとうまくいくものばかりです。

かんたんな生活習慣をつかって、子どもを健康で幸福な子に育んでいきましょう。

幸せにするために生まれてきた?

我が家は、現在五歳の息子と三歳の娘の二人の子どもに恵まれました。

五歳の息子、太一《たいち》は健康に育ち、最近ではすっかりわんぱく小僧になってくれました。それでも五歳児ですから、まだまだ甘え屋さんです。

私が出張から帰り家でくつろいでいると、照れながらもそっとひざの上に乗ってきてくれます。

以前、こんなことがありました。太一が私のひざの上に乗っかり、向き合って抱っこしていると、私の目を見てこんなことを聴いてきました。

「おとうさん。ぼく、なんのために生まれてきたの?」

どこで覚えてきた言葉なのかわかりませんが、息子の質問に驚くと同時に、戸惑ってしまいました。

「人間は何のために生まれてくるのか？」

この哲学的な質問に回答の準備をしていたわけでもなく、正直に言うと深く考えたこともなかったかもしれません。

しかし、我が子に聴かれたからには、ぜひ答えてあげたいとも思いました。

「人間は何のために生まれてくるのか？」という問いに対する答えは、おそらくは私たちが一生涯をかけて見つけようとする課題なのかもしれません。

ですから、私にも明確に答えとなるような言葉もなく、ただ子どもを見つめていて感じることをそのまま伝えるしかありませんでした。

「うーん。太一がなんのために生まれてきたかは、お父さんもわからないなぁ。でも、お医者さんから太一がお母さんのおなかのなかにいるよって、教えてもらったときから、ずーっと待ってたよ。早く会いたいなぁって。元気に生まれてきてほしいなぁって。それでずーっと待ってて、ようやく太一に会うことができたよ。元気に生まれてきてくれたよ。そして、お父さんも、お母さんも幸せになったよ。太一が生まれてきてくれて幸せになったんだよ。いまも太一がいてくれるから幸せなんだよ。太一が何のために生まれてきたかは、お父さんもよくわからないなぁ。でもきっとお父さんと、お母さんを幸せにするために生まれてきてくれたんだと思うなぁ。お父さん、お母さんだけじゃなく、これから会う人みんなを幸せにするために生まれてきたんだと思うよ。それで、太一自身も幸せになるために生まれてきたんだよ」

まだ五歳の息子は、私の言った意味をどれだけ理解したかはわかりません。

しかし、そんなことよりも、息子の問いかけを通じて私自身が教えられたのだと、話し終わって気づかされました。

そう、「人は出会う人を幸せにするためにこの世に生を受けた」。

これは、私の個人的な人間の生に対する独りよがりの解釈ではないような気がしています。

なぜなら人間は、「社会的動物である」と言われるように「他人とのかかわり」のなかでこそようやく生きていくことができる生き物で、ひとりでは生きていけない存在です。

そして、「自分」という存在も、他人とのかかわりを通じて、はじめて明らかになっていきます。

ですから「自分だけが幸せになる」ということは論理的にも不可能なのです。「家族がみな不幸で、自分だけが幸せ」ということはありませんし、「会社の人たちがみな不幸で、自分だけが幸せ」、「世界中の人たちがみな不幸で、自分だけが幸せ」ということだってありえないはずです。

逆説的に言ってもかまわないと思います。

「自分が幸せな人生をおくるためにも、出会う人たちを幸せにするために生まれてきた」。

ここを出発点にして、子育てを考えていくことにより、整理しやすくなるような気がします。

1章

子どもが育つ「ちょっとした一言」24のルール

1　抱きしめるほど子どもは強くなる　〜アイムOK、ユーアーOK〜

赤ちゃんが生まれてくるときには、ものすごく不安定な状態で生まれてくるようです。

これは身体的・心理的の両方においてです。

お母さんのおなかのなかにいるときは、子宮という恵まれた閉鎖空間のなかで、「魔法の水」である羊水に守られています。

さらに、酸素や栄養分も自動供給され、お母さんの拍動や血流音、くぐもった優しい声を聴き、感じ、平均二八〇日間のあいだ理想的な環境で成長していきます。

この「ボディーソニック付きゆりかご」は、人間の一生を通じ、もっとも安定していて、理想的な環境だと言われています。

それにくらべて「出産」という出来事は環境の激変を意味します。

これは、「ぼくは・わたしは生まれるぞ！」という胎児自身の意思によって始まり、母子の協力によって成し遂げられる命をかけた大変な作業なのです。

頭の形をゆがめながら、極度の窒息状態のなか、命からがらようやく誕生してきます。

そして完全なゆりかごから旅立ち、自力で呼吸し栄養もとらないといけない「外界」にさらされるわけです。

この不安定な環境に突然出てきたことにより、赤ちゃんは本能的に不安と恐怖を感じるのだと言われます。

さて、これは私たち大人でもそうなのですが、この変化の激しい不安定な世の中で生きていくためには、心と体の強さが必要になります。

その強さのベースは自分に対する信頼感です。「ぼくは・わたしは、大丈夫」という理屈ではない信頼感のことを「基本的信頼」と言います。

そのためにできることで、もっともたいせつなことは「抱きしめる」ということです。

「抱っこする・抱きしめる」ことは無言ですが、最高の愛情を伝える手段です。

不安定な外界にさらされた、未熟な赤ちゃんからすると、スキンシップを通じて守られ・愛されていることが感じられるこのことは、欠かすことのできないものです。

理屈ではなく、「ぼくは・わたしは、たいせつな存在」というこの感覚は、最初の「自己愛」をつくっていくとともに、「まわりの人もいい人で、たいせつな存在」という、他人に対する信頼感のベースにもなります。

この、「アイムＯＫ、ユーアーＯＫ（自分も、まわりの人も愛されるべきたいせつな存在）」という「基本的信頼」は、人生の早期にいかにたくさんの愛情をそそがれたかに影響されます。

「抱きぐせ」などはありません。

子どもが抱っこをせがむのは、それだけここちよく必要なことだからです。

子どもは抱きしめられるほど、強く成長していきます。

そして、子どもが何歳になったとしても、悩んだり落ち込んでいたりする「いざというとき」には照れずに抱きしめてあげてください。

それだけでも、きっと子どもは勇気をもって悩みを乗り越えていけるはずです。

「I Love You, Because You Are You.」これはカウンセリングの基礎をつくった、カール・ロジャース博士の言葉です。

日本語に訳すと「あなたのことが大好き。愛しているよ。なぜなら、あなたがあなた自身だから」。

この言葉の意味は「無条件の愛」です。

抱きしめるというのは、無条件の愛を伝えるということではないでしょうか。


子どもは抱きしめられるほどに、強くやさしくなります

2 子育ては「ほどほどにラクをして」でいきましょう

ストレスをためて、子育てで悩んでいるお母さんのなかには「責任感をもって、一生懸命」がんばっているお母さんが多いようです。

事実、これを読んでいるお母さんは一生懸命に子育てのことを考えていらっしゃるはずです。

たいせつなわが子のことですから、一生懸命になる気持ちはよくわかるのですが、がんばり過ぎて子育てを楽しめなくなっては本末転倒です。

あまりにも細かいことが気になって子育てがつらくなると、その神経質なところが子どもにまで影響してしまいます。

「ほどほどにラクをして」というのは、もちろん放任していいということではありません。

しかし、子どもがある程度歩けるようになったら、お母さんはたまには離れて互いに過ごしてみるのもいいでしょう。

保育所でも、子育て仲間のお母さんに交代で預かってもらうのもよしです。そこで罪悪感をもつ必要などありません。

一歳半の子どもでも、お母さんがいない環境で何とかやっていくことを身につけていくものです。それを「社会性」といいます。子どもに社会性を身につけてもらいたいのなら、少し離れてあげることがたいせつです。

まちがっても「お母さんがいないとダメ」なようにしてはいけません。そしてお母さんも息抜きができて心の余裕ができて、子どもを心から抱きしめることができます。

強すぎる責任感と罪悪感で、子どもを楽しんで抱きしめられなくなってはいませんか？

心から子どもを抱きしめられる「自分のペース」をみつけましょう

3 「三歳までは母親の手で」はほんとうなのか？

いつできた言葉なのかはわかりませんが、「三歳までは母親の手で」というフレーズがお母さんたちに過剰にプレッシャーをかけているような気がします。

私自身が、これまで子どもに関するカウンセリングをしてきたなか、あるいは他のカウンセラーの話を聴くかぎりにおいても、

「お父さん・お母さんが一生懸命に働いていて、朝・晩しか子どもと一緒に過ごせなかったので、子どもがちゃんと育たなかった」

という話は聴いたことがありません。

逆に、親の過保護・過干渉によって、子どもがひとりで問題や課題を乗り越えられない、というケースがほとんどです。

もちろん朝晩の食事をともにし、一緒に寝て、抱きしめることはたいせつなことで

す。

しかし「三歳までは母親の手で」という言葉によって、義務と責任感でストレスをためながらベッタリと子どもと過ごし、三歳を過ぎてもそのペースが止められずにずっと干渉しつづけることに、現在の子育ての問題が潜んでいるようです。

「三歳までは母親の手で」という言葉には、じつはなんの根拠もありません。

もちろん、子どものことですから一緒にいないときにはさみしさは感じるでしょう。

しかし「愛されている」ことが感じられるなら、そのさみしさにも子どもは耐えていけるものです。

お母さんもお父さんも、安心してご自身の「やるべきこと」をしてください。

凧は細い糸一本で高く舞い上がる。綱では不自由になる。切れたら落ちてしまう。子育ても同じこと。細くても強い、愛情の糸一本でつながっていればいい

4　子育ての基本は夫婦いっしょに

「三歳までは母親の手で」という言葉ができた背景には、子育てには母性の必要性が叫ばれたこともあります。

たしかに、「母性がないと子どもは育たない」これは真実のようです。

そして、人間はもともと卵子が分裂していき、身体的に成長していくことを考えると、産みの母親がかかわることがもっとも効果的のようです。

しかし「子育て全般」を考えるときに、母親だけが子育てを引き受けることとは別なのです。

日本の子育ての歴史をふりかえってみると、「母親が子育ての大部分を引き受ける」ようになった「専業主婦」の登場は、サラリーマンが増えてきた一九六〇年代に入ってからのことのようです。

それまでの日本は農業や商業を営んでいる家庭がほとんどで、基本的には「妻」という立場の女性は朝から夕方まで働いていたようです。

日中、子どもの面倒を見ていたのは、おばあちゃんやおじいちゃん、おばさんやおじさん、兄弟姉妹たちです。

子どもはたくさんの人たちにかかわってもらって育まれてきたのです。

「母親がべったりと子どもの面倒を見ていた」という光景は見られなかったはずです。ですから「専業主婦」という考え方は、日本社会にとっては、この四〇年間ぐらいの特殊な状態であるのかもしれません。

したがって、子育ての責任をお母さんばかりに押し付けるのは酷ではないでしょうか。

さて、現在はこのような状態がすっかり変化し、ほとんどの家庭は子どもの祖父母とは別世帯の「核家族」です。

当然、日々の子どもの面倒をみてもらうわけにはいきません。

そこで「専業主婦」の子育てに対する責任がグッと増してきて、いつの間にか「子育ての責任者」のようになってしまいました。

しかし、お母さんひとりで子育てなどできるわけがありません。

サラリーマン化した労働形態の社会で、「お父さんの影」が家庭からどんどん薄くなってきました。

厳しい社会のなかでお金をたくさん稼いでくることを特命とし、そのかわり子育ての責任をどこか免除された雰囲気のなかで、子どもとのふれあいも、妻との協力も少なくなり、「頼れない」「頼りにならない」存在になりました。

しかし「母性がないと子どもは育たない」のと同様に、「父性がないと子どもは育たない」ことも事実です。

父性は子どもにとって「心の柱」だからです。

もし、どうしても時間がないのなら、精神的な面で妻を陰でサポートするだけでもいいのです。

子育ての難しさについてのグチや悩みを聴くだけでもストレスはずいぶん緩和されます。

そして、ねぎらいの言葉をかけるだけでもいいのです。

そうすると、お母さんと子どもだけのときにでも、お父さんの話題が自然に出てくるようになります。
お母さんを通じて、子どもたちには「父性」として確実に伝わるものです。

子育ては、ほんとうはたくさんの人に手伝ってもらったほうがいいのです

5 子どもの「イヤ！」は順調に成長しているということ

子どもはことばがしゃべれるようになると、二歳から三歳ころにかけて「イヤ」を連発するようになります。

「○○ちゃん、これを着てね」

「イヤ」

「お風呂に入ろうね」

「イヤ」

「ごはん食べようね」

「イヤ」

これは「イヤイヤゲーム」（私が勝手に名づけました）です。

よく言われる「第一次反抗期」ですが、実際には「反抗」ではなく、「イヤ」と言えることと自体がおもしろく、親がそれに反応してくれることを楽しんでいるだけです。

「この子は反抗している」と思うと腹が立ってくるのですが、子どもからすると逆らっているわけではなく、遊びのひとつとしてやっているだけですから「ゲームとして」付き合ってあげてください。

「これを着てね」

「イヤ」

とゲームが始まったら、少し付き合ってあげたあとに、

「じゃあ、どれが着たいの？　自分で選んでいいよ」

というように、自分で決めさせてあげるようにします。

急いでいて時間がないときには、とうぜんイライラしてしまいますが、余裕があるときには「自分で選び、決める」ことのトレーニングに使うことができます。

「自分で、何がしたいのか？　どうありたいのか？」がわからない人が増えていますが、幼児期からのこんな習慣がなかったことも影響しているのではないでしょうか。

それに子どもが「イヤ！」とあたりまえのように言えるということは、親との関係に安心できているということです。

親からの圧力を感じているか、逆らえば見捨てられるかもしれないという不安がある子どもは、「イヤ」が言えないものです。

「イヤ！」と言えるようになったら、自分で何かをしようという自発性の出発点で、健全に成長しているということです。

「イヤ」が言えるようになったら、自分で決めさせてあげましょう

6　時間を守れない子は「心の生活習慣病」になる

子どもの「しつけ」については戸惑う親がほとんどではないでしょうか。

しつけというのは生活のなかで、親を見本にして（お手本になれればいいのですが、ここでは見本ぐらいの軽い気持ちでいきましょう）、子どもたちが身につけていく習慣です。

そして「あれも身につけさせなければ！　これも身につけさせなければ！」とたくさんの課題を短期間でと考えれば考えるほど、しつけがむずかしく感じられます。

しかし所詮、「子どもは親の言うとおりには育たない。するように育つ」ものですから、日常生活のなかでいっしょにやってあげればいいだけです。

そのなかでも、まずお父さん・お母さんが子どもといっしょにやりながら身につけさせてあげてほしいものは、「時間を守る」ということです。

とくに「寝る時間・起きる時間」「食事をとる時間」少し大きくなると「門限」の三つです。

この最低限の生活習慣を身につけることが、「秩序感覚」と「自己規律」の第一歩となります。

「寝たいときに寝て、起きたいときに起き、いつでも食べたいときに食べる」という、時間を決めないダラダラとした生活をしていると、秩序感覚も自己規律も養うことができなくなります。

第一、このような生活は体にもよくなければ、自分で一日のリズムをつくることもできません。

不規則でわがまま勝手の生活がつづけば、心身上の問題がなくても、小学校二年生にもなって座って落ち着いて授業を受けることができないとか、中学生になるとひんぱんに遅刻をしたり、高校生になれば毎日学校に行くこともできなくなったりと、大きな問題にもつながってきます。

はては、友だちの家や盛り場に入り浸って、「プチ家出」と称して家に帰ってこなくなり、やがては人生そのものにまで影響してきます。

こういう状態を、**「心の生活習慣病」**と言います。

心の生活習慣病になると、「自分で自分をコントロールできない人生」になります。

そうならないためには、お父さん・お母さんが規則正しいリズムで生活し、それを「我が家のルール」として子どもにも守らせることがたいせつです。

やっぱり、「『8時だよ、全員集合！』を見終わったら寝ること」は正しかったのです。

規則正しい生活が子どもの心を育んでいく

7 「おはよう」「おやすみ」の言える子どもは、イキイキとした人になる

朝起きて「おはよう」、寝るときには「おやすみ」の言える子どもは「心の秩序感覚」を強くもてる子どもになります。

「おはよう」のあいさつで、「今日も命が目覚めた」ことを感じ、「今日という一日が始まった」ことを実感します。

「おやすみ」で「今日も一日、楽しんで・悲しんでいろいろあったけど、終わったのだ」という心の区切りがつきます。

そして一日一日を、「かけがえのない今日」として過ごすことができるのです。

これは「大人の論理」であって、子どもはそこまでは考えてはいないと思われるかもしれませんが、あいさつというのは習慣です。そして実際には、人生のほとんどはこれらの「習慣」からつくられるものです。

大人になってからはどうでしょうか？ 朝、職場に行って「おはよう」と元気よく笑顔で言える人には、みんなが話しかけやすくなります。

当然、仕事の話もはずんで、よい人間関係を築いて、よい仕事ができるベースになります。

一方、職場に行っても誰とも目を合わさず、あいさつもしない人には話しかけたくありません。

朝のあいさつもできない人が出世して、偉大な人物になったという話は聴いたことがありませんよね。

「おはようございます（今日もよろしくお願いいたします）」

「お疲れさまでした（明日もよろしくお願いいたします）」

というあいさつは、自分と周囲の人たちに活力を与え、幸せにできる言葉です。

「おはよう」は命を感じる言葉
「おやすみ」は明日への希望の言葉

8 「いってきます」と「ただいま」は家族の絆をつくり、心の強い子どもにする

外出するときに、家族に対して一声かけることはとてもたいせつなことです。

たとえ顔が見えなくても、「いってきます」と、大きな声で外出のあいさつができる子どもは、家族の愛情を背中に感じながら、一日を元気に楽しむことができる子どもです。

「ただいま」と元気に言えるのは、今日一日がうまくいっても、いかなくても、めいっぱい楽しんだという、自分に対するけじめになります。

だから、私たち親はやはり大きな声であいさつを返してあげましょう。

「いってらっしゃい」

＝「大丈夫。いつも見守っているから、元気に出かけておいで」

「おかえり」

＝「たくさん楽しんで冒険してきたね。失敗したって大丈夫だよ。いつもこうして待っているよ」

外出と帰宅のあいさつは、家族の心を強くつないでくれるものです。

「いってらっしゃい」「おかえりなさい」
一番あたたかい言葉です

9 子どもを自立させる言葉は「ありがとう」「ごめんなさい」

「親しき仲にも礼儀あり」。

これは夫婦についての章でもふれましたが、家族という人間関係のためにもある言葉だと思います。

他人に対しては、「ありがとうございました」「ごめんなさい」が言えるのに家族に対してとなると、とたんに言えなくなる人がいます。

そういう人はあまえが強い証拠です。なぜかというと、家族なら言わなくても最終的には許されると知っているから言わないのです。

責任意識のない、周囲にあまえている人たちです。

心理的に自立している人であれば、自分も相手も一個人として認め、そのなかで責任あるかかわりをしようと思い、「ありがとう」「ごめんなさい」は自然に出てくる言葉のはずです。

子どもが親に対して、心から「ありがとう」「ごめんなさい」が言えたときには、ひとりの自立した人間として成長したということです。

決して非行に走ったり、グレたりすることはないでしょう。

自分ひとりで生きているのではなく、多くの人に支えてもらって「生かされている」ことを実感する言葉でもあります。

だから、幼いときからいっしょに練習してあげてください。そのためには、まず親が子どもに対して、心から「ありがとう」「ごめんなさい」を言うことです。

大人でも「ありがとう」「ごめんなさい」が素直に言えない人がいます。

その人は、まちがいなく自立できていない人のはずです。まるで、自分ひとりで生き抜いてきたかのようにかんちがいしている「大人子ども」です。

こういう人は、大人になってからでもグレている人です。

自立するということは、
多くの人に支えられていることを知ることです

10　周りの人を幸せにする「いただきます」「ごちそうさまでした」

「いただきます」という言葉は、まず料理をつくってくれた人に対するねぎらいと感謝の気持ちを示すマナーです。

そして、自分のからだをつくり、維持してくれる食物を育んでくれたすべての生命にたいする感謝のことばでもあります。

我が家では、子どもたちが食事のときに元気に声をかけてくれます。

「手を合わせてください。みなさんごいっしょに、〝いただきます〟」

保育園では、いつもみんなで声を合わせてからいただくそうです。もちろん我が家でも教えてきましたが、とても気持ちがいいものです。そして、元気よく「ごちそうさまでした」を言うためには、残すことなくきれいに食べるようになります。

食べ物を残したり、きたない食べ方をしたりすれば、「ごちそうさま」は小さな声

で遠慮がちになるはずです。

大人でも食べ終わった後に、「ごちそうさま」も言わずに逃げるようにテーブルから離れる人がいますが、残されたお皿のなかはひどいものです。

私ならそういう人とは二度と食事をともにはしません。そして、自分がおいしかったと思ったなら必ず「おいしかったです」と言えることはたいせつなことです。

これは家庭でも、お店に行ったときでも、「ごちそうさまでした。とてもおいしかったです。ありがとう」という言葉は、料理をつくった人を幸せにする言葉です。

「ああ、つくってよかった!」

料理人なら誰だって思うはずです。

人を幸せにすることは、なにもむずかしいことではありません。また、むずかしいことで人を幸せにしようなどと思う必要もありません。

こんな小さな習慣の、あいさつひとつでも人を幸せにできるものです。

心をこめた「ありがとう」は人を幸せにします

11　食事のときはテレビを消そう

ずいぶん以前から「モテない君セミナー」なるものがあります。

もちろん、そんなセミナーの名前が実際につけられているわけではありませんが、つまり、結婚を希望する男性を対象とした、会話のしかたを中心とする「女性とのかかわり方」を身につけるためのセミナーということになります。

おそらくは、参加する男性たちは女性とのお付き合いが得意ではない人たちなのでしょう。

そこで話の聴き方や、話題のつくり方、話すペースや順序、雰囲気づくり、服装に歩き方、テーブルマナー、メイクに至るまでセミナーで特訓を受けるわけです。

これだけの内容を、たくさんの時間と費用を使ってトレーニングを受けるわけですから、人によっては「そこそこ」になる人も出てくるのでしょう。

しかし、これらコミュニケーションを主体とする「人とかかわるときの雰囲気づくり」は大人になってからトレーニングをしたとしても限界があります。

そして、たくさんの費用を支払わなくても身につける方法があるのです。

それこそが「幼児教育」にあるのです。

現在、幼児教育というとわが子のＩＱ（知能指数）をいかに上げるかに焦点が当てられているようですが、ＩＱが高いことと、楽しい人生を送れることとは別です。

ＩＱというのは年齢のわりに、どれだけ知能が早熟しているかを測定する、ひとつのものさしに過ぎません。

つまり、「知能の先取り指数」のようなものですから、「二〇歳過ぎればタダの人」になる可能性があるわけです。

そしていまの早期教育は「パターン認識教育」（くり返しやらせて反応としてインプットさせる）が多いようですが、もちろんメリットはあるにせよ、そのデメリットを検討する親が少ないようです。

そこで、数年前から話題になってきたのがＥＱ（心の指数）という考え方です。

このＥＱは情緒安定や感受性、そこからくる思いやりや共感力など、コミュニケーションを主体として、人とかかわって生きていくうえで欠かすことのできない「心の力」を見ていこう・上げていこうというものです。

現在、文部科学省が言うところの「生きる力を養っていこう」という観点に立っても、EQという考え方はなかなかおもしろいなと思います。

しかし、「EQを上げていこう!」と声高にさけんだとしても、そんなにかんたんに上がってくれるものではありません。

これればかりは暗記をしても、ドリルをしても、プリント学習でも効果は上がりません。人間の学習には臨界期（このぐらいの時期・年齢までに学習しないと、それ以降はあまり効果が上がらない）があるようです。

EQに関して言えば、幼児期を中心として中学生になるまでにその基礎はできるような気がします。

そして、EQを養うもっとも効果的な場所は家庭の食卓です。

そこでは、お父さん・お母さんを中心に、今日あった出来事やおもしろい話・ジョークやニュースの社会ネタのようなちょっとまじめな話まで、さまざまな会話がなされていきます。

そこで雰囲気を読み取りながら、いかにすればウケるか、自分が注目されて話をすすめられるのかを身につけていきます。

食事のときの会話は子どもたちにとって重要なのです。

しかし、勉強のことや試験の結果についての話題は、食卓でする話題ではありません。まず会話が盛り上がることはありませんし、子どもは食べたものが消化不良になります。

また、テレビを見ながら食事をするという家庭も多いものです。食卓ではみんなが直接向き合うことなく、画面を見て薄ら笑いを浮かべながら、でもほとんど無言で食べて、食べ終われば自然解散していきます。

なんと気持ちの悪い光景でしょう。それでは人との楽しいコミュニケーションは身につくはずはありません。

そこでお父さん・お母さんにお聞きしたいと思います。「幼児教育」してますか？

一家団欒の食卓での会話が子どもの「心の力」を育てていきます

12 モテる子どもにしようと思えば、肩たたきをさせよう

モテる人は、とうぜん相手の気持ちをつかむのがうまい人です。

「どうすれば相手は喜ぶか」

「どうすれば相手は不愉快になるか」

これを一瞬にして感じ取るのがとてもうまいのです。

つまり、相手の「ツボ」の見極めができる人です。

会話上手で人間関係を楽しめる子どもになってほしいと望むのなら、肩たたきをさせてあげてください。

肩たたきは相手の調子や感覚・好みを把握しないとうまくはいかないものです。

ここちよい・悪いは理屈ではなく、相手とコミュニケーションを取り、表情やからだの動きから察することによって感じ取るものです。

何度も言いますが、コミュニケーションの上達は参考書や教科書もなく、プリント学習でも身につくものではありません。「日常の生活から」のみ得られるものです。

しかし、ポイントとしては幼いときから始めて習慣にしてしまうことが重要です。いきなり小学校三年生の子どもにしてもらおうとしても、もうすでに遊び感覚ですることは無理だからです。小学校に上がるまでの子どもなら楽しんでしてくれるでしょう。

そして肩たたきが終わったら、「ありがとう！　気持ちよかったよ」と喜んであげると、子どもは自分がしたことで人を喜ばすことができた充実感を楽しめます。人を喜ばせ、幸せな気分にすることを習慣にできるのです。

そのときに一〇円でも、五〇円でもちょっとしたお小遣いをあげるのもよいでしょう。これがビジネスの原点です。「自分を通じて人の役に立ち、人を幸せにできるから、お金がいただける」のがビジネスだからです。

「肩たたき」で人との自然なふれあいを身につけさせましょう

13　おもちゃは買わないほうがいい？

私たちが子どものころに比べると、いまの子どもたちはたくさんおもちゃをもっています。

ご両親におじいちゃん・おばあちゃんも加勢して、どの子どももいっぱいのおもちゃに囲まれています。

しかし、子どもたちはあまり喜んでいるようには見えません。「ありがとう」とはいちおう言うのですが、感激している様子はありません。

「刺激鈍磨《しげきどんま》の法則」というのがあります。

たとえば、高速道路を時速一二〇キロで一時間走ったあとに、一般道に出て時速七〇キロで走ると遅く感じます。

時速七〇キロは決して遅い速度ではないはずですが、時速一二〇キロという「刺激」がつづいたことにより、感覚が「鈍磨」したせいです。

じつは、おもちゃを買い与えることも同じことなのです。

いつも、いつも、新しいおもちゃを手にすることができると、おもちゃが「あってあたりまえ」になって、感謝や感動する心が鈍磨してしまいます。

どんなに高価なおもちゃをもらったとしても、喜べなくなってあたりまえなのです。おもちゃはいっぱいあるのに「不幸」なのです。

極端なたとえかもしれませんが、一年に一回しかおもちゃを買ってもらえなかったとしたら、子どもは大変な感動と感謝をするでしょう。

おもちゃは少なくても、こちらのほうが「幸せ」です。

そして、コンピューター・ゲームはできるだけ控えるべきです。

私の息子も四歳からゲームや学習ソフトをするようになりましたが、最長一時間と決めています。

これにはゲームそのものの脳に対する影響もあるようですが、それよりも人間関係が少なくなることのほうが問題だからです。

幼い子どもであっても、三時間でも四時間でも集中してゲームをします。

その間、親はとてもラクなのです。親がラクだということはそれだけかかわっていませんし、人間が介入する遊びをしていないということです。

「遊び」というのは子どもの成長にとって重要な役割をしています。

「ボールひとつで、ルールを自分たちでつくって遊ぶ」などが遊びの原型です。ルールを少し変えることでおもしろさも変化したり、別の遊びを生み出したりもします。

創造性や想像力のトレーニングになります。

役割をかわってほしければ一生懸命に交渉もします。

また友だち同士でぶつかり、ケンカをして仲直りもします。

最高の人間関係のトレーニングの場が遊びにはあります。残念ながらコンピューター・ゲームにはそれがありません。

ただし、いまの社会でコンピューターにふれさせないというのも現実的ではありません。

効果的に学習プログラムを習得する上において、コンピューターを利用した学習は必要ですし、学校教育などでもますます増えていきます。

しかし、家庭のルールをつくって、時間を決めてやるようにすることは重要です。

高価なおもちゃでは「感動」を教えることはできません

14　三〇パーセントの親しか教えていない「うそをついてはいけない」という教え

アメリカ合衆国・韓国・日本で、お父さん・お母さんにインタビューした結果が新聞に載っていたのを見て、驚いたことがあります。

「子どもに、『うそをついてはいけない』『困っている人を見たら助けよう』『約束は守ろう』これらしつけの言葉を、いつも子どもには言い聞かせている」

この質問に、ＹＥＳ（はい、いつも言い聞かせている）と答えた親の割合は、アメリカ合衆国・韓国ともに八〇パーセント以上だったのに対して、日本の親は約三〇パーセントだったというものでした。

日本は高度経済成長を経て、先進国の仲間入りをしましたが、そのなかでも道徳水準は最低レベルということになります。

道徳は人と人とが協力し合う、社会でのマナーのようなものです。

道徳観がないということは、他人と信頼し協力し合って豊かな人生を築いていけなくなるということです。

いくら優秀な成績が取れても、人を信じることができず、また信じられることもなく、だから協力などできないという孤独がどれほどつらいことでしょうか。

しつけとは、むずかしいことではありません。

算数や英会話を教えるまえに、「道徳」というあたりまえのことを、子どもに言い聴かせ、親もいっしょに守っていくものなのではないでしょうか。

人を信じる、人から信じられることのたいせつさを教えましょう

15 「エリート教育」していますか？

わが子をエリートにしようとがんばっているお母さん・お父さんがいらっしゃいます。

乳児期から各種教室へ通い、小学校へ上がるころにはＩＱ一八〇、英語を流ちょうに話し、ダンスも踊れればピアノも弾ける。

こんな子どもはいまではめずらしくなくなりました。

そして、目指すはアメリカの名門大学か日本の誇る東京大学へと進学し、「エリート」の仲間入りをする。

いまや、日本の家庭では、**エンジェル係数**（世帯収入に占める子どもにかける費用指数）が、エンゲル係数（世帯収入に占める食費指数）を抜いたと言われています。

そして、日本国内における教育産業は一兆五千億円を超えるとも言われています。

これは先進国のなかでも抜きん出ている規模です。

その結果、日本人はどうなったでしょうか？

心豊かな生活と、充実した人生を送ることができているのでしょうか？

「エリートの汚職」「エリートの横領」「エリートの贈賄」「エリートの自殺」など、「エリート」と呼ばれている人たちが起こす事件には、特に世間の注目が集まるようです。しかし、そのような事件を起こす人たちはエリートではありません。

日本以外の国でのエリートと言われる人々は、家族をたいせつにし、自分のことだけではなく、身近な人々の幸せのためを想い、子どもや孫の世代のことまでを考える人です。そして、出会う人たちと深いコミュニケーションを交わし、ときにはジョークを飛ばし、信頼・協力し合い、社会を豊かに・人々を幸せにする仕事をする、**「知性ある人たち」**のことを言います。

お父さん・お母さん、ぜひ「エリート教育」をしていきましょう

16　子どもを自立させたいなら お手伝いをたくさんしてもらおう

かたづけやそうじなど、自分のことをできない子どもが増えています。

そのような子どもが大人になれば、やはり自分の部屋や家のかたづけもそうじもできないままです。

それどころか料理もできなければ、子育てのしかたもわかりません。

これでは自立した家庭生活を送ることなどできないでしょう。

これは「勉強さえしていればいい」という教育によるものです。

かたづけやそうじ、洗濯、兄弟姉妹の面倒を見ること、少し大きくなれば料理など、最低限ひとりでも生きていけるすべを教えないし、やらせないようです。

しかし、これではあまりにも残酷です。

つまり、子どもを自立させないということだからです。

そして、家族というのは親も子どもも、みんなで協力して家庭というものをつくっていくたいせつな関係です。

子どものときにやった経験がない人が、大人になって結婚してもうまくやれることはありません。

順序が逆ではないでしょうか?

家のことのお手伝いをしてから、そのあとで勉強や自分のしたいことをする。

それが基本です。

勉強よりたいせつなこともたくさんあります

17　子どもを自立させたいなら お父さんは家事をしよう

最近の若い夫婦ではかなり状況が変わってきているようですが、まだまだ家事・育児をしないお父さんが多いようです。

時間があるにもかかわらず、お父さんは寝転んだり自分の好きなことをやったりしていて、お母さんだけが忙しく家事をやっている家庭では、子どもは家事はおろか、かたづけやそうじができない子になります。

なぜなら言いわけが立つからです。

「だってお父さんだってやってないじゃない」

お父さんがかたづけやそうじ、洗濯、得意であれば料理をする家庭では、子どもたちもそうすることがあたりまえになります。

「そんなことは男のすることじゃない」という男性は自立できていないだけです。やがて夫婦ともに熟年になって、奥さんが一〇日間の海外旅行に出かけると飢え死にするタイプの人です。

「お父さんの威厳」とは、家のことにも協力しないで偉そうにしていることではありません。

やれることなら、なんでもやる人のことです。

やれることが多いお父さんが、子どもから尊敬されます

18　お父さんの役割はルールを教えること

人間がほかの動物とちがうところは、男たちが集まって話し合い、ルールを決めることにあります。

そうでないと秩序が保てず、平和を維持することができないからです。

そしてルールを決めることにより、「自分だけの利益」という利己主義な観点から「全体のバランス」という公共の観点をもつようにもなります。

ルールを決めるためには、一人ひとりが自分に都合のよいことを主張するだけでは、他の誰かが都合の悪いことになったりもします。

だから、ある程度は自制して譲るところは譲り、バランスをとらなくてはいけません。ルールとはみんなが幸せになるために協力し合って決めるものです。

この「強制力はないけれど、みんなが幸せになるためのルール」を道徳と言います。

お母さんは自分の家族をたいせつに守ることを第一に考えます。

もちろん、お父さんも家族をたいせつにしますが、「公共」という広い観点でものごとを考え、実践するのが「父性」の役割です。

けんかの仲裁から、遊びやスポーツのルールを教えてあげるのは、お父さんの役割です。

家庭でのさまざまなルールも、家族みんなで集まって意見を出し合い、お父さんが冷静に進行役をつとめながらルールを決めてください。

これが民主主義の原点です。

このようにルールを決めて、家族みんなで守っていくことで「道徳」や「正義」が自然に理解できるようになります。

道徳の先生はお父さんです

19 仕事は楽しいことを子どもに伝えよう

「お父さんがこんなにイヤな思いをがまんして仕事をしているから、おまえたちの服も買えるしご飯も食べれるんだぞ」

こんなふうに自慢（?）するお父さんがいますが、私はどうかなあと思います。

子どもたちに尊敬されたい、感謝の気持ちを教えたいという思いなのかもしれませんが、まったくの逆効果です。

このようなセリフを聞いた子どもたちはまず、「仕事はイヤなものなんだ」「仕事はつらいものなんだ」「大人になるのは怖いんだ」と思うことでしょう。

そして「お父さん、どうして楽しまないの?」という疑問さえ出てくるかもしれません。

私の仕事は心理カウンセラーであり、いろいろなところに行って話す講師でもあります。

そうすると年間の出張日数は一五〇日以上になります。

平日はほとんど自宅には帰りませんので、休日は子どもたちが帰りを待っていてくれます。

息子の太一《たいち》がある日聴いてきました。

「おとうさん、なんでそんなにお仕事ばっかりするの？」

男の子ですから、父親と体当たりで遊びたいのでしょう。

それがなかなかできないので、不満でもあり、不思議でもあるのかもしれません。

「そうだなー。仕事は楽しいからなー」

「お仕事って楽しいの？」

「楽しいぞー。太一がお友だちと遊んだり、サッカーしたりするのよりも、もっと楽しいかもしれないなー」

「へー。そんなに楽しいの」

「楽しいぞー♪♪　太一も早く大人になって、仕事したいか？」

「うん。大人になってお仕事したい」

五歳児ですが彼は仕事がしたいそうです。

そして三歳の娘の星七《せいな》もお兄ちゃんをまねて、

「おとうさん。大人になったらいまより楽しいの？」と聞いてきます。


生きることの素晴らしさや、人生の楽しみ方は学校で教えることはできません。

お父さん・お母さんがモデルになって見せてあげることです。

私自身も仕事の素晴らしさと、楽しむことのたいせつさをわが師、衛藤信之先生から学びました。

ここ数年の間で、見ず知らずの若者たちがネットで知り合って、日本全国から集まり自殺するという事件が増えています。

世間の大人たちは「何の不自由もないのに、なぜそのように世をはかなんで死ぬのか？」と首をかしげていますが、自殺の理由は意外と単純なものかもしれません。

「何の不自由もないけれど、未来・将来に希望がもてないから」なのではないでしょうか。

親を見ていて、世間の大人を見ていて、生きていても〝イイコト〟がなさそうに見える。それが一番の原因かもしれません。

お父さん・お母さんが楽しんで、子どもからあこがれられるようになりましょう

20 夫婦で「お父さんが一番好き」「お母さんが一番好き」が子どもの心を安定させる

「一番好きなのはだあれ？」

たとえ、三歳の子どもに聴いてもバランスを考えた平和な答えが返ってきます。

「お父さんと、お母さん！」

そして逆に子どもも親に聴いてきます。

「一番好きなのはだあれ？」

我が家では、私は、

「お母さんが一番！」

と答え、妻は、

「お父さんが一番！」

と答えてくれます。

これでいいのだと思います。

まちがっても夫婦の関係をさしおいて「子どもが一番」にしてはいけません。もちろん子どもをたいせつにして、幼いときは「王子さま」「お姫さま」として愛することが子どもの自尊心を育みます。

しかし、お父さん・お母さんをさしおいて、「子どもが一番」にしてしまうと、子どもは親を尊重しなくなります。

それはただの思い上がりとうぬぼれです。

まずは夫婦の関係が一番で、夫婦が互いに尊重していることが家庭の秩序となり、子どもたちの「心の秩序」になります。

そして、お母さんが叱ったあとは、お父さんがフォローをします。

「お母さんがあんなに怒っているのは、きみがテレビを見ていて早く支度をしなかったからだよ。だってそのあいだお母さんはきみをずっと待ってたんだから、やっぱり悲しい気持ちになったんじゃないかな。わかるよね?」

そうやさしく、ゆっくり話してあげることで子どもは理解できるようになります。

お父さんが叱ったあとはお母さんがフォローします。

このときに両方が叱るのでは効果がありません。叱るのではなく、おだやかに説明してあげると納得できるのです。

しかしここで、まちがっても子どもの肩をもたないことです。

子どもの肩をもつと親の言うことが軽くなり、やがて子どもは親の話を聞かなくなります。

また、子どもたちが約束を守らなかったときに、お母さんが言う「お父さんに言ってもいいの？　怖いわよ」という言葉は抑止力になります。

実際にはお父さんは怒らなくても、「お母さんでも怖がっているお父さんが怒ると、どうなるのか？」と思います。

お母さんが、お父さんを尊重しない家では、子どもたちが成長してお母さんが怖くなくなったときには、わがまま勝手にふるまうようになります。

それはもう「怖いもの無し」になったからです。

子どもたちが体力的に母親を超えた時点で、家庭の秩序が崩壊したということです。

こういう子どもたちは、社会に出ても秩序のなかでバランスをとってふるまうことができません。

先輩・後輩、上司・部下のさまざまな人間関係のなかで、協力し合うことがむずかしくなります。結婚してもパートナーを尊重できません。

だから子どもたちには、「あなたは二番よ」でいいのです。


「あなたは二番目に好きよ」と言ってあげましょう

21　子どもには「失敗する権利」がある

子どもたちをつれて、たまに公園に遊びに行くことがあります。

走りまわって、子どもがこけてケガをして泣いても、私は助けには行きません。

まわりにいる大人たちは、「こんなに泣いているのに、この子の親は何をしているんだ」という目で見ているようですが、私は何食わぬ顔で子どもを見守っているだけです。やがて自分で立ち上がって、私のもとに歩いてきます。

そのときにはじめて、「よく立って、ここまで来れたね」と抱きしめます。

じつは、すぐに走りよって抱き起こしてやるほうが、親はラクなのです。精神的にラクだからです。ただ見守っているのはつらいものです。

しかし、子どもが失敗をして、それを自分で乗り越える成長の機会を奪ってはいけません。

子どもが転ぶとすぐに助ける親がいます。

それよりも、子どもが転ばないようにする親さえいます。

宿題を親がすべてしてあげる。忘れ物をしたら学校まで届けてあげる。うまく話せないから親が代弁してあげる。受験に失敗したからお金を積んでコネをつくって合格させてあげる。

こういうことをしていると、借金をしても親が全部肩代わりをしてあげるまで発展して、「ひとりでは生きていけない」人間にしてしまいます。

このほうが、親は精神的にラクですし、自己満足としてはいいのでしょう。

しかし、失敗してはじめてわかることがほとんどです。

失敗を自分で乗り越えて、はじめて実力がつきます。こういうことは幼児期からの習慣です。


子どもが転んでも、しっかりと見守っていましょう。見捨てないかぎりは大丈夫です

22 性教育は女性をたいせつにすることだけを教えよう

「性教育」について、悩んでいるお母さん・お父さんがほとんどだと思います。

まだ子どもが小さくても、やがて性教育をするときがきます。

現在では親の存在を飛び越えて、性に関する情報が子どもたちにどんどん入っていきます。

さらにネットやメールを通じて誘惑や危険も押し寄せてきます。

「どうすれば子どもを守ることができるのか？」という課題が親たちに突きつけられています。

しかし、性教育とは意外にシンプルなものです。

男の子であれば、「女性をたいせつにすること」です。

女の子であれば、「自分のからだと心をたいせつにすること」です。

このことを子どものときから教えていると、男の子は女性のからだに負担をかけたり、悲しませたり、責任をとれないようなことはしません。

女の子は慎重に、自分を本当にたいせつにしてくれるパートナーを選べるようになります。

「有害な情報から子どもを守ろう！」というのも重要なことですが、現実にはいまの情報化社会のなかでは限界があります。

「聞くな。見るな。読むな」といくら言っても、親よりも子どものほうが知っているぐらいです。

表面的に性教育をしても効果はありません。からだのたいせつさ・心のたいせつさ・命のたいせつさを普段から教えることが性教育です。


お父さんがお母さんをたいせつにしていて、子どもにもそれを伝えている家庭では、それだけでも自然に性教育ができています

23　第二次反抗期は大人への第一歩

思春期にもなると、健全な子どもであれば親とはあまり話さなくなるものです。親がいろいろたずねても、「べつにー」という反応だけで、さっさと自分の部屋に入ってしまいます。

親には干渉されない、自分だけの世界をもちたくなります。

親としては、さみしさと不安で追いかけたくなるものですが、これは健全なのです。親の言うことがすべてではなく、ちがうことも取り入れ自分なりの考えをもとうとしているからです。

親から離れて自立しようとしているのです。

そして、やがてはどこで聞いてきたのか、青臭い正義感で反発したり、親を否定するようにもなります。

しかし、子どもたちが成人して、本当の意味で自立すると、「お父さん・お母さんは完璧ではなかったけれど、一生懸命に生きていた」ことがわかり、尊敬するようになります。

また、女の子の場合はお父さんを避けるようになる子もいます。

「お父さんなんて嫌い」と言って、あれだけお父さんになついていて、抱っこやいっしょにお風呂に入ることをねだっていたわが子が離れていくようになります。

これも将来は、お父さんとはちがう男性を選んで配偶者とし、自立していく準備が始まったということです。

第二次反抗期は、大人になるためには通過しなければならないたいせつな時期です。

しかしながら、反抗といっても、道徳や倫理・ルールなどを逸脱し、反社会的なことをするのであれば、親は真っ向から立ちはだかる必要があります。

ここでは「命と引き換えに」くらいの意思と態度をもつことです。

それをしてやれるのは親だけだからです。

「子どもとは友だちのような関係でいたい」という親たちがいますが、大変危険な言葉だと思います。

それは子どもが成人して自立して以降、対等に会話すると言う意味であればいいのかもしれません。

しかし親は、「友だちのように」なってしまってはいけません。

正しいことを、毅然とした態度で示すことを忘れてはいけないのではないでしょうか。

子どもにとって、正面からぶつかり甲斐のある親になりましょう

24　できないことは責めないこと、できたことを喜ぶこと

どんな子どもでも、できないことを責められて、できるようにはなりません。

できないことを責められると、確かに気をつけるのでしょうけど、恐怖心が先に立ちます。

そうすると、感情的にするのがイヤになります。だから、よけいにできなくなります。

また、責めた親のほうもイヤな気分になってイライラするだけです。

しかし、生活行動でも勉強でも、できたときにいっしょに喜んであげると、またやろう（またやってもいい）と思うものです。

いい気分になるので、やることがイヤになりませんし、もっとやってうまくなれば、もっと喜んでもらえると思うとどんどんできるようになります。

しかも、喜んだ親もいい気分で子育てが楽しくなります。

「できないことは責めないこと。できたことを喜ぶこと」は親にとっても、子どもにとっても心理的にラクで効果的なかかわり方です。

ここで、能力開発研究家のデニス・ウエイトリーの詩をご紹介しましょう。

子どもの話に耳を傾けよう

きょう少しあなたの子どもが言おうとしていることに耳を傾けよう
きょう聴いてあげよう　あなたがどんなに忙しくても
さもないといつか子どもは年老いたあなたの話を聴かなくなるだろう

子どもの悩みや要求を聴いてあげよう
どんなささいな勝利の話も、ささやかな行いもほめてあげよう
おしゃべりをがまんして聴き、いっしょに大笑いしてあげよう
子どもに何があったのか、何を求めているのかを見つめてあげよう

そして言ってあげよう、愛しているって毎晩毎晩

叱ったあとは必ず抱きしめてやり、大丈夫だって言ってやろう
子どもの悪い点ばかりあげつらっていると
そうなってほしくないような人間になってしまう
だが、同じ家族の一員なのが誇らしいって言ってあげると
子どもは自分を成功者だと思って育つ

きょう少しあなたの子どもが言おうとしていることに耳を傾けよう
きょう聴いてあげよう、あなたがどんなに忙しくても
そうすればやがてあなたが年老いて過去の栄光しか語れなくなったときに
かれらはあなたの元に戻ってくるだろう

子どもの能力は、喜んであげるごとに伸びていく

子育ては幸せの「時限装置」

さて、いかがでしたでしょうか？

どれも特別なことではなく、ちょっと意識すれば実践可能な習慣だと思います。

しかしこれらのことは、親をモデル（見本としてまねる）として子どもがすぐにやることもあれば、やらないこともあります。

しかし子どもがやらない・やれないとしても、まったく落ち込むことはありません。

案外、子どもが外に出て、親の見ていないときには、やっているものです。そういうときに真価が問われます。

そして、やがて子どもが親から離れて生活し、人生を歩んでいくようになると必ずやるようになります。

みなさんも大人になって、話し方やしぐさ、考え方が、「いつのまにか父親に似て

きた、母親に似てきた」ということがあるでしょう。

親の習慣は、子どもにりっぱに浸透しているものです。

子育てや、そのなかで行われるしつけは時限装置のようなものです。

やがて子どもたちが「ひとりで生きていかなくてはならない」状況になると、目覚め、作用するようになります。

親から伝えられた秩序感覚のなかでしっかりと自己規律をもち、自分をたいせつにし、相手も同じようにたいせつにして、周りの人たちと愛情深いかかわりを楽しみながら幸せを自分で築いていくでしょう。

子育ては幸せの「時限装置」です。

あとがき

人生とは、「どんな人間関係をもつか」ということだと思います。

食事を楽しむにしても、「何を食べるのか」が重要なのではなく、「誰と食べるのか」のほうが重要です。

遊びや趣味・仕事や社会的な活動まで、やはり「何をするのか」より「誰とするのか」によって充実度が左右されます。

だから「楽しい」というのは、そのものの内容ではなく「人間関係」であることがほとんどです。

そして、悩むときにも、そのほとんどは人間関係に原因があるはずです。

その人間関係のすべての基本は家庭にあります。

夫婦で愛情と信頼感のある親密な関係を築いている人は、外に出て行ったときにも必ずよい人間関係を築いていけます。

子どもとの関係が親密で、しかも、しっかりとしつけることができるお父さん・お母さんは職場でも部下や後輩をりっぱに指導しています。

そして何よりも、家族の関係にあたたかいものがあれば、学校や職場でどんなにつらい事があっても耐えて乗り越えていけるものです。

カウンセラーという仕事柄、「どうすれば社会から悲しいニュースを減らすことができるのでしょう？」という言葉をかけられます。

おそらくは、その悲しいニュースの一番の理由は家庭の人間関係を中心とする、あたたかいふれあいが満たされない「孤独感」にあると考えられます。

いまの日本でみられる様々な問題は、家庭から始まっているのではないかと気づいている人が増えてきたようです。

これは大変心強いことです。

しかし残念ながら「具体的にどうすれば家族の関係がよりよく変えていけるのか」ということを知りませんし、実践している人が少ないことも事実です。

私の師である日本メンタルヘルス協会代表・衛藤信之先生の「我々はカウンセリン

グ・ルームのみにて活動するだけではなく、積極的に出かけて行き、多くの人たちに呼びかけていこう」との志のもと、私たち日本メンタルヘルス協会のカウンセラーは「あたたかい人間関係」を通じて「豊かな生き方」の創造を提案し活動しています。この本の執筆もその活動の一部として、その思いを込めて書きました。

そして私自身、この本を書いていてあらためて家族のたいせつさに気づかされました。

私と人生をともに歩んでくれている妻に、私たちの人生をより豊かにしてくれた二人の子どもたちに感謝の気持ちがあふれてきました。

私に「幸せの時限装置」を仕掛けてくれた両親に感謝の気持ちがあふれてきました。たいせつなものは常に私のすぐ近くにあることにもあらためて気づかされました。

だからこの本は、私の授かった家族がベースにもなっています。

そして、その機会を与えてくださった総合法令出版の皆様、お世話いただいた編集部の金子尚美様に心より御礼申し上げます。

参考資料・図書

日本メンタルヘルス協会・心理学ゼミナール「研究コース・マリッジカウンセリング」資料

日本メンタルヘルス協会・心理学ゼミナール「研究コース・子育ての心理学」資料

『心時代の夜明け』衛藤 信之著　ＰＨＰ研究所

『上司の心理学』衛藤 信之著　ダイヤモンド社

『結婚の科学』木下 栄造著　文芸春秋

『恋ごころの科学』松井 豊著　サイエンス社

『この人と結婚するために』ジョン・グレイ著　三笠書房

『改訂　教育心理学』杉田 千鶴子著　佛教大学

『生命はぐくむ「ひと」たちへ』山縣 威日・時子著　吉備人出版

『自律のための教育』南澤 貞美編さん　昭和堂

『父性の復権』林 道義著　中央公論社

『ヒトはなぜ子育てに悩むのか』正高 信男著　講談社

『幸せあふれる子どもに育てる』ナオミ・ドリュー著　主婦の友社

『子どもは親が教育しろ！』小浜 逸郎著　草思社

『子どもの一生を決める46の言葉のプレゼント』中谷 彰宏著　リヨン社

『子育て革命』三浦 弘行著　創元社

◆著者紹介◆

林　恭弘（はやし・やすひろ）

1964年生まれ。兵庫県宝塚市出身。

日本メンタルヘルス協会心理カウンセラー・講師。

幼児教育から企業を対象とする人事・教育コンサルタントまでたずさわった後、現日本メンタルヘルス協会代表　衛藤信之氏に師事。

カウンセリング活動の他、東京・名古屋・大阪・福岡での同協会主催の心理学ゼミナール講師、企業・学校・各種団体を対象とした講演会・研修会講師として活動。

「活力ある社会と、優しい家庭を創造する」をテーマに、日常生活に実践的ですぐに役立つ心理学を紹介する。

著書に、ポチ・たまと読む心理学シリーズ『ほっとする人間関係』、『落ちこみグセをなおす練習帳』、『「わたしの生きる道」を見つける練習ノート』（総合法令出版）がある。

ちょっとした一言で相手が動く
夫婦の心理テクニック

2005年 6 月 7 日　初版発行
2012年 3 月12日　3 刷発行

著　者　林　恭弘

発行者　野村直克
発行所　総合法令出版株式会社
〒107-0052　東京都港区赤坂1-9-15
日本自転車会館 2 号館 7 階
電話　03-3584-9821（代）
振替　00140-0-69059
印刷・製本　中央精版印刷株式会社
ISBN978-4-89346-903-8